NORBERT GOLLUCH

Die etwas andere

KOCHBIBEL

NORBERT GOLLUCH

Die etwas andere KOCHBIBEL

Erstaunliche Fakten zu Lebensmitteln, ihrer Zubereitung und ihrem Genuss

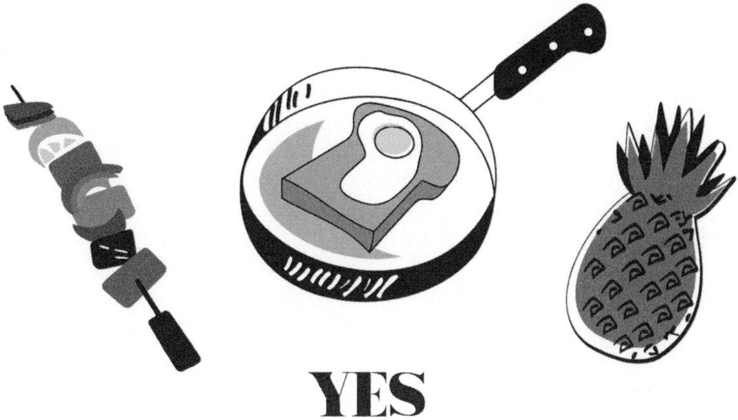

YES

Originalausgabe
1. Auflage 2022

Türkenstr. 89, 80799 München
info@yes-publishing.de

Umschlaggestaltung: Ivan Kurylenko (hortasar covers)
Layout und Satz: Müjde Puzziferri, MP Medien, München
Druck: BoD, Norderstedt
Printed in Germany

ISBN: 978-3-96905-139-9
ISBN (ePUB, Mobi) 978-3-96905-140-5
ISBN (PDF) 978-3-96905-141-2

INHALT

ZWISCHEN KOCHBUCH UND WELTLITERATUR

Weil Kochbücher zwar praktisch, aber nicht die ideale Freizeitlektüre sind, gibt es dieses Buch. Sie können es lesen, während Sie in der Küche warten, und auf irgendetwas wartet man in der Küche immer. Darauf, dass die tiefgefrorenen Garnelen auftauen, auf den Hefeteig, der nicht aufgehen will, auf den Braten in der Röhre und die Suppe im Topf. Nutzen Sie diese Zeit, um sich zu unterhalten und zu informieren. Sie werden nicht zwingend eine bessere Köchin oder ein besserer Koch werden, wenn Sie darin lesen, denn was Sie hier finden, gehört nicht zu den unentbehrlichen Küchenweisheiten. Auch bei der Klärung der großen philosophischen Fragen werden Sie kaum einen Schritt weiterkommen. Aber dieses Buch verrät allerlei interessante, überraschende oder auch skurrile Fakten rund ums Essen und Kochen und hilft so dabei, ausgeglichen und entspannt den Kochlöffel zu schwingen.

Noch eine wichtige Anmerkung: Was die ernährungswissenschaftlichen Einschätzungen angeht, die hier in den einzelnen Kapiteln dargestellt, kommentiert oder kritisiert werden, halte ich es mit dem berühmten Philosophen Groucho Marx:

»Ich habe eiserne Prinzipien. Wenn sie Ihnen nicht gefallen, habe ich auch noch andere.«

Es gibt kaum einen Bereich, in dem die Meinungen so aufeinanderprallen wie im Diskurs rund um das Essen – und nirgendwo sonst lauert der Irrtum mit Sicherheit hinter jeder (Nuss-)Ecke. Bitte verzeihen Sie mir also, wenn ich nicht Ihre Meinung vertrete. Es ist mir bewusst, dass Sie recht haben könnten und ich unrecht – bitte gestehen Sie auch mir diese Möglichkeit zu.

KOCHEN UND ESSEN WELTWEIT

Gegessen wird überall auf dem Planeten Erde, doch unterscheiden sich die Ernährungsgewohnheiten je nach Region und Kultur. Fragen wie »Was wird gegessen?« und »Wie wird gegessen?« stellen sich unmittelbar, wenn man über den nationalen Tellerrand hinausblickt. Neben diesen grundlegenden Fragestellungen könnten auch komplexere Sachverhalte Klärung verlangen: Warum schmeckt den einen, was die anderen ausgesprochen ekelhaft finden – und umgekehrt? Aber man muss ja nicht sofort zulangen, sondern kann auch erst einmal schauen, welchen Geschmack und welche Gewohnheiten die anderen haben.

ALLES ETWAS ANDERS ...

Nicht nur die favorisierten Lebensmittel, sondern auch die Umgangsformen, Gewohnheiten und Sichtweisen unterscheiden sich von Region zu Region – mal nur ein bisschen, dann wieder recht deutlich ...

- Was in Deutschland der Weißwurst-Äquator ist, eine kulinarische Grenze zwischen Landesteilen, ist in der Schweiz der **Röstigraben**. Er trennt die deutschsprachigen von den französischsprachigen Schweizern.
- In italienischen Supermärkten ist der **Parmesan** das am meisten gestohlene Produkt. Jedes zehnte Stück Parmesan verschwindet in den Taschen stehlender Kunden.
- In Frankreich werden pro Jahr durchschnittlich 500 Millionen **Schnecken** gegessen. Das sind 7,5 Schnecken pro Franzose und Jahr.

- In den USA gilt **Rhabarber** als Obst. Bei uns gilt er als Gemüse.
- Normale **Wassermelonen** sind schwer, unhandlich und lassen sich nur mühsam transportieren. In Japan hat man deshalb damit begonnen, eckige Wassermelonen zu züchten. Die sehen nicht nur originell aus, sondern lassen sich auch einfach und platzsparend im Regal positionieren.
- Die Bürger von Peru essen pro Jahr etwa 65 Millionen **Meerschweinchen**. Die Deutschen schlachten im selben Zeitraum 627 941 000 Hühner, 58 350 000 Schweine, 3 244 000 Rinder, 25 460 000 Enten, 1 085 000 Schafe, 37 700 000 Puten und 530 000 Gänse, aber keine Meerschweinchen.
- Untrennbar mit Russland verbunden ist eine rote Suppe namens **Borschtsch**, die eigentlich aus der Ukraine stammt, sich aber über die Jahrhunderte nach Russland und in andere osteuropäische Länder verbreitet hat. Es gibt zahlreiche Rezepte, aber die Grundzutaten – Rindfleisch, Weißkohl und Rote Bete – gehören immer dazu.
- Äthiopien besitzt eine sehr eigenständige Küche, die für europäische Gaumen ungewöhnlich und ungewohnt scharf gewürzt ist. Das **Fladenbrot Injera**, hergestellt aus der Teff genannten Zwerghirse, ist Grundnahrungsmittel, Besteck und Geschirr in einem. Man bedient sich an Gemüse- oder Fleischbeilagen, indem man sie sich mit einem Stück Fladenbrot in der Hand von der Tafel holt und samt »Besteck« aufisst.
- **Koch- oder Gemüsebananen** spielen in der afrikanischen Küche vielerorts dieselbe Rolle wie bei uns die Kartoffeln. Sie schmecken nicht süß, sind aber wegen ihres hohen Stärkegehalts aus-

gesprochen nahrhaft. Eine andere Parallele zur Kartoffel: Gemüsebananen sind nur gekocht genießbar. Wie die Süßkartoffeln gewinnen sie auch in der europäischen Küche immer mehr Freunde.

- In Ghana und Westafrika ist **Fufu** (oder Foufou) Grundnahrungsmittel, ein dicker Brei, zubereitet aus Kochbananen, Süßkartoffeln, Maniok- oder Yamswurzeln in wechselnder Zusammensetzung.
- **Dörrobst** wie getrocknete Äpfel, Ananas, Birnen, Aprikosen, Mangos, Pfirsiche, Pflaumen und Weintrauben sind in Zentralafrika nicht nur als Nachtisch beliebt, sondern auch Bestandteil von Hauptgerichten. In Nordafrika kommen Datteln und Feigen hinzu.
- In Armenien wurden **Rosinen** hergestellt, indem man Weintrauben eingegraben hat. Dieses Verfahren verbreitete sich in Nordafrika.
- Internationaler Irrtum: Der weltberühmte **mongolische Grill** ist eine chinesische Erfindung. Ein Restaurantbesitzer aus Taiwan erfand ihn in den 1950er-Jahren, und da er irgendwie mongolisch und damit authentisch wirkte, verbreitete er sich über die halbe Welt. Restaurants auf allen Kontinenten bieten mongolisches Barbecue an.

EXTREME GENÜSSE INTERNATIONAL

Über Essen zu schreiben kann eine befriedigende und gleichzeitig entspannende Tätigkeit sein, besonders wenn es um erlesene Lebensmittel und begnadete Kochkünstler geht. Extreme Bereiche der menschlichen Ernährung können aber auch alles von einem Autor fordern und Schreibstörungen und Nervenkrisen verursachen, weil die Fakten kaltes Grausen oder gar blankes Entsetzen auslösen. Seien Sie gewarnt!

- Dass man in Vietnam und auf den Philippinen Speisen findet, die für den deutschen Gaumen gewöhnungsbedürftig sind, wundert niemanden. Ein Paradebeispiel dafür sind die sogenannten **Balut-Eier**, die mit Einwanderern sogar bis in die USA gereist sind. Es handelt sich um angebrütete Vogeleier – die Eier werden kurz vor dem Schlüpfen des Kükens aus dem Brutkasten genommen und gekocht. Balut wird auch in China und Kambodscha gegessen und in Südostasien für eine Delikatesse gehalten. Das Küken im Ei soll nach Angaben furchtloser westlicher Testesser bereits nach Huhn schmecken.
- Der traditionelle **Casu Marzu** (verdorbener Käse) ist ein Schafmilchkäse aus Sardinien. Das Besondere an dieser Käsesorte: Sie erhält ihr Aroma durch den Verdauungsprozess von Maden, die im Käse leben und mit ihm gegessen werden. Die EU setzte den Käse auf die Liste der verbotenen Produkte; sie sieht die lebenden Maden als Gefahr für die menschlichen Magen- und Darmwände, die angeknabbert werden könnten. Fans der skurrilen Delikatesse kümmern solche Befürchtungen nicht.

- **Geröstete und frittierte Insekten** werden nicht nur in Ostasien verkauft. Auch in Mexiko werden sie gerne gegessen. Gerichte wie »Heuschrecke in Limonen-Chili-Soße« oder »Frittierte Bienenlarve mit Sojasprossen« mögen für manche Mitteleuropäer noch gewöhnungsbedürftig sein, zählen aber in Mexiko oder Thailand zur Alltagsküche – Hausmannskost sozusagen.
- Auch der Norden Europas, nämlich Skandinavien, ist hier viel weiter. Insekten gehören da schon zum Angebot in der Schulkantine oder finden sich auf der Speisekarte in Restaurants. Tatsächlich sind sie sehr nahrhaft und enthalten wertvolle Proteine und sogar Omega-3-Fettsäuren wie Fisch.
- Auch in Deutschland wird inzwischen versucht, Insekten als gesunden Fleischersatz im Supermarkt zu platzieren, so zum Beispiel Insekten-Pasta mit einem zehnprozentigen Gehalt an Mehlwürmern, Insekten-Burger oder Energieriegel mit Käferbeimischung.
- Wussten Sie übrigens, dass das Fremdwort **Entomophagie** den Verzehr von Insekten bezeichnet?
- In China und Thailand zählen **Skorpione** zum Angebot von Restaurants und jeder guten Imbissbude. Im Geschmack sollen Skorpione an Hummer erinnern. Bis auf die Schale und den giftigen Stachel sind sie komplett genießbar. Bestellen Sie einfach auf der nächsten Asienreise in Thailand Meng Pong Tord Raad Khao – frittierte Skorpione mit Reis.
- Nicht nur in Frankreich sind **Froschschenkel** eine beliebte Delikatesse. Sie schmecken in etwa wie Hühnchen und werden mit

viel Knoblauch zubereitet. In Peru gelten pürierte Frösche als Aphrodisiakum und sollen unlustigen Männern auf die Sprünge helfen. Für den Cocktail werden die Frösche oft lebendig gehäutet und anschließend in einem Mixer zerkleinert.

- **Gebratene Schlangen** unterschiedlicher Arten kommen in vielen Regionen der Welt auf den Teller, zum Beispiel in China, Thailand und den USA. Sie sollen nicht nur von der Form her, sondern auch geschmacklich an Aal erinnern. In Asien wird Schlangenfleisch eine heilende und die Lebenskraft stärkende Wirkung nachgesagt.
- **Schwalbennester** sind in China eine Delikatesse und eines der teuersten Gerichte auf der Speisekarte. Für 1 Gramm Schwalbenspeichel zahlen Chinesen in der Apotheke rund 30 Yuan, also etwa 4 Euro, was einem Kilopreis von 4000 Euro entspricht. Der Speichel soll eine heilende Wirkung haben.
- **Seegurken** haben eine im Tierreich einzigartige Verteidigungstaktik: Werden sie angegriffen, spucken sie dem Angreifer Teile ihrer Innereien entgegen, die der Angreifer fressen kann. Ist der Angriff vorbei, produziert die Seegurke ihre Innereien einfach neu. Chinesen versprechen sich aufgrund dieser Besonderheit vom Verzehr der Seegurken Gesundheit, gesteigerte Potenz und Regeneration. Seegurken werden auch gerne in Restaurants serviert, wo sie zu den teuersten Gerichten zählen. Getrocknet bringen sie es sogar auf vierstellige Kilopreise. Mittlerweile kaufen chinesische Gastronomen Seegurken aus allen Meeren der Welt – viele Arten sind deswegen in ihrem Bestand gefährdet, sogar solche aus dem Mittelmeer.

- **Vogelspinnen sind preiswerter:** In Kambodscha werden sie in heißem Fett frittiert, für wenig Geld von Straßenverkäufern angeboten und bereichern als nahrhafter Snack zwischendurch die Speisekarte der armen Bevölkerung. Außerdem ziehen sie Touristen an – in der »Spinnenstadt« Skun posieren sie mit den noch lebendigen Krabbeltieren, um sie anschließend frittiert zu verzehren.
- Nicht nur Spinnen haben ihren festen Platz auf der Speisekarte der Kambodschaner. Auch **Ratten** gelten als beliebte Delikatesse, häufig gegrillt oder als Fleischbeilage in der Suppe. Wer davon kosten möchte, kann auch in Deutschland Rattenfleisch kaufen. Das Fleisch der Nutria-Ratte ist im Online-Wildhandel erhältlich.
- **Meerschweinchen** kommen in Ecuador und Peru auf den Tisch. Mit Kräutern gefüllt sollen die kleinen Säugetiere ausgesprochen schmackhaft sein. Allerdings besteht eine Gefahr: Die südamerikanischen Meerschweinchen können Salmonellen und Würmer, aber auch – wie die Ratten im europäischen Mittelalter – gefährliche Krankheiten wie die Lungen- und Beulenpest übertragen.
- Was in Europa in den Abfall wandert, wird anderswo gern gegessen: **Vogelfüße**. Viel mehr als Haut ist nicht dran, dennoch werden sie zum Beispiel in China, Kambodscha oder Südamerika gern serviert, häufig als Beilage oder in Suppen.
- **Katzenfleisch** zu Weihnachten gehört in den Schweizer Kantonen Bern, Luzern und Jura zur Tradition, vor allem im bäuerlichen Bereich. Dieses Fleisch ist Bestandteil eines Eintopfs mit

Tomaten, Möhren und Kartoffeln. Es ist in der Schweiz nicht verboten, seine Haustiere aufzuessen.

- In China, Vietnam und Thailand landen **Katzen** – ebenso wie **Hunde** – auf dem Teller, allerdings nicht im ganzen Land. Vor allem über die Gewohnheiten in der Provinz Guangdong nördlich von Hongkong heißt es: Hier werden alle Tiere gegessen, die »mit dem Rücken zur Sonne laufen«. In anderen Regionen Chinas finden es die Menschen befremdlich, Hunde und Katzen zu verspeisen. Nachdem Chinas Regierung bereits Ende Februar 2020 den Handel und Verkehr von Wildtieren verboten hatte, ging die an Hongkong grenzende chinesische 12-Millionen-Metropole Shenzhen in der Provinz Guangdong einen Schritt weiter: Dort ist nun auch der Verzehr von Hunden und Katzen verboten.
- Auf Bangkoks Straßen gehören frittierte **Maden**, **Engerlinge** und **andere Larven** genauso zum Fingerfood wie bei uns der Donut. Wegen ihrer Konsistenz und ihrem leicht süßlichen Geschmack sollen sie ein wenig an Pudding erinnern.
- Das in Japan verbreitete und auch in deutschen Asialäden erhältliche **Nattō** ist ein japanisches Gericht, das aus mit Honig vermischten fermentierten Sojabohnen besteht. Optisch ähnelt es einer verdorbenen Gemüsepfanne, zieht lange Fäden, die für manche Augen eklig aussehen, und wird auch geschmacklich sehr unterschiedlich bewertet. Einige vergleichen es mit Nüssen, andere erinnert es an Lebertran.
- In China isst man als Vorspeise gerne einen **Quallensalat**. Er liegt nicht schwer im Magen und sättigt nicht allzu stark, lässt

also Raum für weitere Speisen. Der Geschmack ist sehr von den übrigen Zutaten abhängig, weil die Quallen selbst neutral schmecken. Zu den beliebten Ingredienzien gehören Erdnussöl, Chili, Zitronensaft, Frühlingszwiebeln und Knoblauch.

- Schwedischer **Surströmming** gilt bei Deutschen als eine der ekligsten Delikatessen weltweit. Es handelt sich um vergorenen Hering, der in Konserven verkauft wird, die sich wegen des fortschreitenden Gärprozesses in ihrem Inneren auch nach dem Verpacken noch wölben können. Sein beißender Geruch ist für viele unerträglich. Aufgrund der Explosionsgefahr der gewölbten Konserven unter verringerten Druckverhältnissen haben einige Fluggesellschaften die Mitnahme von Surströmming verboten.
- Im Nachbarland Norwegen serviert man **Smalahove** – einen ganzen Schafskopf (nichts anderes heißt *smalahove*), gepökelt, getrocknet und anschließend gekocht. Das frühere Arme-Leute-Essen – alles vom Schlachttier musste verwendet werden – wird heute für Feinschmecker, aber auch als gastronomisches Schockerlebnis für Touristen serviert.
- **Shirako** ist ein Gericht, das aus dem Samensack des männlichen Kabeljaus zubereitet wird – Fischsperma eben. Es kommt in Russland, Rumänien und Japan auf den Tisch und wird mit Genuss verzehrt.
- **Tausendjährige Eier**, eine chinesische Delikatesse, sehen zwar uralt aus, sind aber keineswegs 1000 Jahre alt. Sie halten sich auch nicht so lange. Ihren Namen bekamen sie wegen ihres Aussehens. Zur Herstellung werden rohe Eier für etwa drei Monate in eine

Mischung eingelegt, die Pfeffer, Piniennadeln, Fenchelkörner, Salz, Zitrone, Wasser, Kalk, Asche und Sägespäne enthalten kann. Mit der Zeit nimmt das Eiweiß eine gallertartige Konsistenz an und das Eigelb wandelt sich zu einer grünlich bis bläulich schimmernden Masse. Der Geschmack des Eies variiert je nach den Zutaten der Marinade von mild über pikant bis streng.

Die urtümlichen Stachelfrüchte des bis zu 40 Meter hohen südostasiatischen Durianbaumes wiegen pro Stück zwischen 2 und 4 Kilo. **Durianfrüchte** sollen ausgezeichnet schmecken, aber ihr Gestank, der irgendwo zwischen faulen Eiern und Harzer Käse liegt, kann ganz schön abstoßend wirken. Deshalb dürfen sie in Südostasien nicht in öffentlichen Gebäuden verzehrt werden, ja man darf sie nicht einmal dorthin mitnehmen. Außerdem gilt ein Flugverbot für diese Früchte: Die Fluglinien der Region weigern sich, Passagiere mit Durianfrüchten zu befördern. Die örtliche Tierwelt hingegen, Affen, Elefanten, Tiger, Affen und Zibetkatzen, ist ganz wild auf diese stinkenden Leckerbissen.

KOCHEN BRUTAL

Man könnte sagen, das ist der Lauf der Dinge, so wollte es Mutter Natur, es gibt nun mal Jäger und Gejagte – es geht um das Fressen und Gefressenwerden. Aber müssen wir Menschen, also Wesen mit Verstand und Bewusstsein, wirklich so mit den Lebewesen umgehen, mit denen wir unseren Planeten teilen?

Für **Haifischflossensuppe** werden pro Jahr weltweit über 50 Millionen Haie getötet, viele Arten sind vom Aussterben bedroht. Wer Haifischflossensuppe isst, handelt also gedankenlos.

- Eine besonders grausame Art der Haifischjagd ist das »Shark-Finning«, das besonders in China praktiziert wird. Dabei werden dem lebendigen Hai alle Flossen – für die Suppe – abgeschnitten und das Tier wird zurück ins Meer geworfen, wo es anschließend verendet.
- Auch in Deutschland wird noch immer Hai gegessen. Getarnt als »Schillerlocken« werden in Fischgeschäften die geräucherten fleischigen Bauchlappen des Dornhaies angeboten und verkauft, einer von vielen gefährdeten Haiarten, deren Bestände mancherorts schon um 95 Prozent reduziert wurden.

- Dass in Asien das **Gehirn** von lebenden Affen aus dem Kopf gelöffelt und roh gegessen wurde und heute noch gegessen wird, ist glücklicherweise und aller Wahrscheinlichkeit nach eine Gruselgeschichte für Touristen. Sogar der Verzehr toter Affen wird in China mittlerweile von den Behörden verfolgt.
- War es die Rache der Natur? In Deutschland ist Hirn nahezu komplett vom Speiseplan verschwunden. Grund dafür ist, dass der Rinderwahn durch Nervengewebe übertragen werden kann. Medizinisch korrekt heißt die Krankheit übrigens Bovine spongiforme Enzephalopathie, kurz BSE (deutsch: »bei Rindern auftretende schwammartige Rückbildung von Gehirnsubstanz«).

SÜSS UND INTERNATIONAL

Nicht jede internationale Spezialität ist, einmal abgesehen von geschmacklichen Vorlieben, nach ernährungswissenschaftlichen Kriterien unbedingt empfehlenswert. Süß, fettig und in großen Portionen kommen sie daher, die folgenden alles andere als gesunden Gerichte aus internationalen Küchen.

- **Plum-Pudding** aus England – mit Pudding hat dieses Gericht wenig zu tun, obwohl es auch Christmas Pudding genannt wird. Zum Rezept gehören Trockenobst, Nüsse und Rindernierenfett, die extrem nahrhafte Masse wird in Brandy getränkt. In England, Irland und in Ländern des Commonwealth kommt die Kalorienbombe am ersten Weihnachtsfeiertag auf den Tisch, die seltsame Festtagsspeise bringt es auf 3000 Kilokalorien pro Portion.
- **Karamellisierte Taro-Wurzel** aus China – die Taro, auch Wasserbrotwurzel genannt, ist ein Knollengemüse aus der Familie der Aronstabgewächse, das in China paniert, in Erdnussöl frittiert und zum Schluss mit Zucker karamellisiert auf den Teller kommt – pro Portion 1500 Kilokalorien. Karamellisierte Tarowurzeln schmecken ähnlich wie Süßkartoffeln.
- **Bacon Candy** wird mit Schokolade überzogener Speck in den USA genannt. Pro 150-Gramm-Portion verspeist der Esser 900 Kilokalorien
- **Churros** aus Spanien sind ein stangenförmiges Gebäck aus Brandteig mit einem sternförmigen Querschnitt – man könnte sie als ungewöhnlich geformte Krapfen betrachten. Zum Verzehr werden sie in Vanillezucker gewendet und in dickflüssige Scho-

kolade getunkt. Das hat summa summarum einen Nährstoffgehalt von 800 Kilokalorien pro Portion zur Folge.

- **Vermicelles** aus der Schweiz werden aus einem Mus aus pürierten Esskastanien hergestellt, die mit Butter, Zuckersirup, Kirschwasser und Vanillezucker verfeinert werden. Sie sehen wie eine Portion brauner Spaghetti aus. Der Name der Süßspeise hat seinen Ursprung im lateinischen Begriff *vermiculus*, deutsch Würmchen. Jede Portion trägt 450 Kalorien zur Tagesbilanz bei.
- **Semla** oder **Fastlagsbulle** aus Schweden – das Fastenbrötchen ist eine heiße Wecke, die die fastenden Bürger Schwedens seit dem Mittelalter stärken soll. Das Weizenbrötchen, kräftig gesüßt, wird in Milch schwimmend serviert. Es steht aber im Ruf, einen Königsmord auf dem Gewissen zu haben: König Adolf Friedrich verzehrte am 12. Februar 1771, einem Faschingsdienstag, gleich 14 Semlas hintereinander – dann wurde ihm übel, er legte sich ins Bett und starb. Auf die Fastenzeit wartet in Schweden niemand mehr, das Gebäck ist ganzjährig beliebt.
- In der Rezeptur der italienischen Fastenkekse **Biscotti quaresimali**, die an Cantuccini erinnern, fehlen Butter und andere tierische Fette wie Eigelb. Zucker enthalten sie hingegen reichlich und sie stellen wegen ihrer Härte eine Gefahr für das gesunde Gebiss dar. In Italien taucht man sie deshalb in Vin Santo, einen süßen Dessertwein, der sie sehr genießbar macht. Die unterschiedlichen italienischen Regionen stellen sie nach vielfältigen Rezepten und in zahlreichen Geschmacksvarianten und Erscheinungsformen her.

NUDELN UND SUPPEN IN ASIEN

Es ist ein Vorurteil, dass in Asien und vor allem in China immer nur Reis gegessen wird. Es wird auch Reis gegessen, aber nicht nur. Da nördlich des Flusses Jangtsekiang viel Weizen angebaut wird, geben die Einwohner dort den Nudeln den Vorzug.

- Nudel ist natürlich nicht gleich Nudel. Sogenannte **Hokkien-** oder **Fujian-Nudeln** sind dicke Eiernudeln aus der gleichnamigen chinesischen Provinz Fujian (»Hokkien« in der lokalen Min-Nan-Sprache) im Südosten von China. Sie werden aus Weizenmehl hergestellt. Hokkien-Nudeln werden in vielen südostasiatischen Ländern, speziell in Malaysia und Singapur, gegessen, wo Einwanderer aus der Region Fujian sie eingeführt haben.
- **Mie-Nudeln** werden ebenfalls aus Weizen hergestellt; es gibt sie mit rundem Querschnitt oder als Bandnudeln in verschiedenen Dicken. Weil sie sehr lang sind, werden sie in Knäueln verkauft, die sich erst beim Kochen in heißem Wasser entwirren. Gerne werden sie zu Gerichten mit Schweinefleisch gegessen.
- **Udon** heißt eine Nudelsorte aus Japan. Sie sind die dicksten Nudeln der japanischen Küche, sind weich und elastisch und werden traditionell zu unterschiedlichen Gerichten und besonders in Suppen mit Fisch verarbeitet. Udon-Nudeln werden auch kalt gegessen. Sie sind sehr lang, man darf sie aber während des Essens zerschneiden.
- **Soba** sind japanische Nudeln aus Buchweizen, die warm oder kalt mit unterschiedlichen Soßen und anderen Zutaten gegessen

werden. Sie haben einen nussigen Eigengeschmack. Manchmal gehören auch Algen zu ihrer Rezeptur.

- Die japanische Nudelsuppe **Ramen** erfreut sich inzwischen auch in Deutschland großer Beliebtheit. Die Japaner sind von ihr fast schon besessen: Allein in Tokio gibt es circa 50 000 Restaurants, die Ramen servieren. Die aus Weizenmehl, Salz und Wasser hergestellten Nudeln kommen aber ursprünglich aus China.
- **Reisnudeln** werden aus Reismehl hergestellt und kommen speziell in der thailändischen und vietnamesischen Küche auf den Tisch. Sie eignen sich zum Braten in der Pfanne.
- **Glasnudeln** werden aus Mungobohnen hergestellt. Sie sind neutral im Geschmack, nehmen aber die Aromen der Speisen sehr gut an. Man verwendet sie auch für Salate, dann werden sie kalt gegessen.
- **Somen** sind lange, runde Weizennudeln. Sie sind besonders gut für Salate geeignet und werden heiß und kalt serviert. Ihr leicht süßliches Aroma passt zu vielen Speisen.
- **Shirataki-Nudeln** werden aus der Wurzel der Teufelszunge *Amorphophallus konjac* hergestellt, einer Pflanze aus der Familie der Aronstabgewächse. Die Konjakwurzel enthält besondere Verdickungsmittel und das Sättigungsmittel Konjak. Shirataki-Nudeln enthalten praktisch keine Kalorien, schmecken aber auch so. Sie transportieren wenig Geschmack der restlichen Speisen und sind vom Kauerlebnis alles andere als sensationell. Sie werden aufgrund ihres geringen Nährwerts gerne für Low-Carb- und Diätgerichte verwendet.

Es müssen aber nicht immer Nudeln sein. Auch die Suppen Asiens sind wohlschmeckend und beruhen auf Rezepturen aus einer langen Vergangenheit.

- **Eine 2400 Jahre alte Suppe** entdeckte der chinesische Archäologe Liu Daiyun in einem Bronzegefäß. Der Topf aus einem Grab in Xi'an, der alten Hauptstadt des Reiches, war so gut verschlossen worden, dass sein Inhalt Jahrtausende überdauerte.
- Die **Pekingsuppe** oder **Sauer-scharf-Suppe** ist ein Klassiker der chinesischen Küche, eine Einlaufsuppe, bei der flüssiges Ei in eine heiße, würzige Schweine- oder Hühnerbrühe gegossen wird, sodass Eierflocken entstehen.
- **Tom Yam** heißt eine Suppe der thailändischen Küche, wobei *tom* für »Suppe« steht und *yam* »gemischt« bedeutet. Ein drittes Wort deutet auf weitere Zutaten hin: Es lautet *gai*, wenn Hühnerfleisch zugegeben wird, *pao* für Schwein, *nuea* für Rind oder *goong*, wenn Garnelen in der Suppe schwimmen. Tom-Yam-Suppen sind mit Zitronengras, Koriander, frischen Limettenblättern und Chili gewürzt und recht scharf. In verschiedenen Varianten gibt es die Nudelsuppe **Kuai Tiao**, zum Beispiel mit klarer Brühe, gewürzt mit Fischsoße und ein wenig Chili. Ebenfalls ein Hochgenuss: **Tom Khaa Gai**, die Hühnersuppe mit Kokosmilch.
- **Miso-Suppe** (jap. 味噌汁, *misoshiru*) besteht aus Dashi (Fischsud) und Miso (Sojabohnenpaste). Als Einlagen werden kleine Tofustücke, Wakame (dünne grüne Meeresalgen) und Frühlingszwiebeln verwendet, hin und wieder auch Shiitake-Pilze. Miso-Suppe ist einer von zwei Grundsuppentypen der japanischen Küche und ein japanisches Nationalgericht.

- **Suimono** (jap. 吸[い]物, »Schlürfsache«) ist der zweite Grundsuppentyp der japanischen Küche, eine klare Suppe aus einem Fond und meist drei unterschiedlichen Zutaten von Fleisch über Fisch und Gemüse bis zu Tofu oder Yuba aus Sojamilch.
- Eintöpfe werden in Japan als **Nabemono** (jap. 鍋物, なべ物) oder kurz Nabe bezeichnet. *Nabe* bedeutet »Kochtopf«, gemeint war früher ein Tontopf, der über offenem Feuer erhitzt wurde. Der traditionelle Nabe wird noch immer aus Ton gefertigt, und weil *mono* so viel wie »Ding« oder »Dinge« bedeutet, haben wir es hier mit einem Ding im Topf zu tun, also mit einem Eintopf. Je nach Zutaten erhält der Nabemono aber eine unterschiedliche Bezeichnung.
- Aus dem gesalzenen Milchtee **Süütei Tsai**, einem Alltagsgetränk in der Mongolei, kann auch eine Suppe werden. Angereichert mit Reis, Fleisch oder Bansch genannten Teigtaschen entsteht eine nahrhafte Mahlzeit. Mongolen verwenden das Fleisch von Kamelen, Schafen, Ziegen, Pferden, Kühen und Yaks für ihre Gerichte wie auch die Milch und Milchprodukte dieser Tiere.

DÖNER – UND EIN BISSCHEN GYROS

Die Bezeichnung Döner leitet sich vom türkischen *döndürmek* ab und bedeutet »sich drehen«. Das türkische Wort *kebap* steht für »das Gebratene«, »Röstfleisch«. Etwas flapsig übersetzt kann man also sagen: »der rotierende Braten«.

- Die meisten Dönerläden in Deutschland hat Berlin. Von den 40 000 deutschen Dönerläden hat jeder zehnte seinen Sitz in Berlin.
- Der Döner ist nicht – wie man annehmen könnte – ein traditionelles türkisches Gericht. Den Döner gibt es erst seit 1972, sein Erfinder ist der ursprünglich aus Anatolien stammende Berliner Kadir Nurman. Er erfand sowohl den Drehspieß als auch die Rezeptur für das gegrillte Fleisch im Fladenbrot. Mehmet Aygün, ein türkischer Fleischer, macht ihm allerdings den Titel als Döner-Erfinder streitig. Er behauptet, die ersten Döner bereits im März 1971 verkauft zu haben. Beide versäumten es, sich ihre Erfindung patentieren zu lassen, sodass sie sich schnell verbreitete, ohne dass sie davon profitieren konnten.
- Der größte je hergestellte Döner soll – je nach Quelle – 423 Kilogramm, 1,2 Tonnen oder sogar 2,7 Tonnen gewogen haben. Aufgegessen wurden die Döner aus diesen Rekordversuchen jeweils vom begeisterten Publikum.
- Noch ein Weltrekord: Mehmet Aslan aus der südostanatolischen Stadt Sanliurfa soll ganze 52 Döner nacheinander verschlungen haben.
- Ähnlich hungrig ist Deutschland: Jeden Tag werden 3,1 Millionen Döner verzehrt, behauptet die Döner-Lobby.
- An der Figurfront kämpft der Döner ganz vorn: Mit nur 215 Kilokalorien pro 100 Gramm liegt das leckere Gericht aus Kalb- oder Hühnerfleisch in Sachen Kalorienbilanz deutlich vor Pizza (266 Kilokalorien pro 100 Gramm) und Pommes frites (312 Kilokalorien pro 100 Gramm).

- Auch die griechische Variante Gyros trägt einen Namen, der mit dem Drehen zu tun hat: griechisch *giros* bedeutet »Kreisel« oder »Runde«. Die Unterschiede zum Döner: Der Gyros-Spieß besteht aus aufgeschichtetem Schweinefleisch und als Beilage wird Tsatsiki gereicht.
- Fleisch vom Drehspieß hat ein Gammelfleischproblem: Weil das Fleisch am Spieß stark gewürzt wird, gelingt es oft, verdorbenes Fleisch an die ahnungslosen Kunden zu verfüttern. Jedes Jahr werden große Mengen verdorbener Spieße von der Polizei beschlagnahmt, so waren es 2018 in Berlin in einem einzigen Fall Dönerspieße mit einem Gewicht von 1600 Kilogramm ...

EIERKOCHEN IM GEYSIR UND ANDERE VARIANTEN DER VULKANKÜCHE

Gas, Elektrizität, Fernwärme – die Energie zum Kochen kann viele Quellen haben, darunter auch einige überraschende ...

- Auf Island gibt es mehrere Stellen, an denen es möglich ist, seine Frühstückseier mit vulkanischer Hitze zu kochen, zum Beispiel im Geothermal Park, Klambragil. Hier ist es allerdings kein Geysir, der zu Diensten ist, sondern das sehr heiße Wasser eines Flusses. Die Eier werden in einem Netz an einer Angel ins Wasser gehalten.
- Im Litli-Geysir (dem kleineren von zweien) funktioniert die Sache dann tatsächlich – Frühstücksei auf isländische Art.
- In der geothermisch aktiven Rotorua-Taupo-Region in Neu-

seeland finden sich vulkanisch befeuerte Eierkocher: heiße Schlamm- und Wasserquellen, Geysire und Fumarolen, stilecht begleitet von Schwefelgeruch.

- Auch die El-Tatio-Geysire in Chile lösen bei Touristen denselben Reflex aus: Eier kochen.
- Cozido, eine Eintopfspezialität aus Fleisch, Fisch und Gemüse, stundenlang geköchelt in vulkanisch erhitzten Erdlöchern, wird in dem Ort Furnas auf São Miguel, der Hauptinsel der Azoren, angeboten. Der Geschmack soll einmalig sein.
- Ein Restaurant, das von Vulkanhitze befeuert wird, ist auf Lanzarote/Kanarische Inseln zu finden. Seit 1969 werden im »El Diablo« im Vulkanpark Timanfaya Grillspezialitäten direkt über dem Krater zubereitet. Der erloschene (oder vielleicht auch nur ruhende) Vulkan Ilario liefert noch immer ausreichend Hitze.

SELTSAMER TOURISMUS: DIE HIRSEBREIFAHRT

Ein Wettstreit zwischen Bürgern der Schweizer Stadt Zürich und der im Elsass gelegenen Stadt Straßburg führte zu einer enormen sportlichen Leistung: Die Zürcher behaupteten, innerhalb von 24 Stunden mit einem Boot in Straßburg sein zu können. Als Beweis sollte eine aus Zürich im Boot beförderte Portion Hirsebrei dienen, die noch warm in Straßburg ankommen musste. Es gelang: Nach

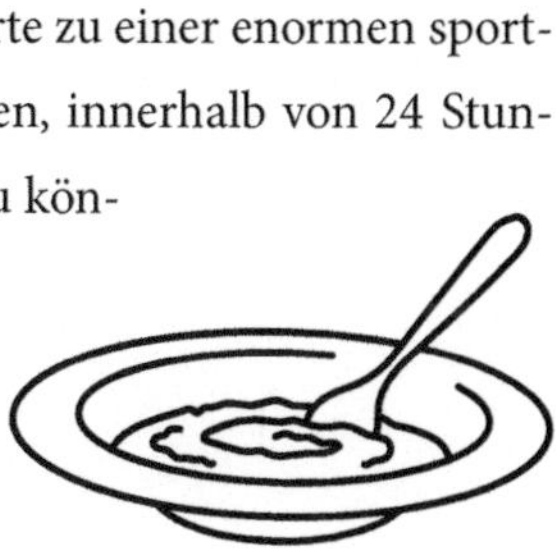

nur 22 Stunden konnten die Zürcher den Straßburgern den noch warmen Brei auftischen.

Die historische Fahrt wurde mehrfach wiederholt. In jüngerer Zeit dauerte sie aber wegen der vielen Wehre, Staumauern und Schleusen – insgesamt sind 29 Hindernisse zu überwinden – bedeutend länger als früher, etwa zweieinhalb Tage. Der Brei dürfte nur noch kalt ankommen.

ESSEN UND GESUNDHEIT

Wahrheit und Irrtum liegen nah beieinander, was die gesunde Ernährung betrifft. Mancher glaubt, etwas für seine Gesundheit zu tun, bis er eines Tages feststellen muss, dass er einem Irrtum der Wissenschaft oder – wie im Fall der Margarine/Butter-Hysterie – einer PR-Lüge aufgesessen ist …

BESONDERS GESUNDE LEBENSMITTEL?

- **Probiotischer Joghurt** hat keinen erkennbaren Effekt auf die Gesundheit. Studien der Verbraucherorganisation Foodwatch belegen, dass teurer probiotischer Joghurt denselben Effekt auf die Gesundheit hat wie günstiger Naturjoghurt. Die meisten zugegebenen Mikroben werden bereits durch die Magensäure getötet.
- **Kurkuma** schützt Mäuse vor Alzheimer. Ein italienisch-amerikanisches Wissenschaftlerteam fand dies heraus, indem es die Nervenzellen der Tiere mit dem Curry-Farbstoff Curcumin behandelte. Diese Untersuchung konnte bisher jedoch am Menschen nicht wiederholt werden.
- Von **Betacarotin** vermutet man, dass es bei Rauchern in hoher Dosierung Krebs erzeugen kann. Raucher sollten daher auf den übermäßigen Konsum von Karotten oder Betacarotin enthaltenden Nahrungsergänzungsmitteln verzichten.
- **Vollkornprodukte** können das Risiko für Diabetes und bestimmte Krebsarten reduzieren.

- **Kokoswasser** wurde im Zweiten Weltkrieg an der Pazifikfront als Ersatz für Blutplasma verwendet. Die Flüssigkeit aus der Kokosnuss hat einen ähnlichen Salz- und Nährstoffgehalt wie echtes Plasma und ist steril.
- **Avocados**, **Bananen** und **Kokosnüsse** sind die einzigen Lebensmittel, von denen sich Menschen über einen sehr langen Zeitraum ernähren können, ohne Mangelerscheinungen befürchten zu müssen. Gute Nachrichten für Robinson Crusoe!

PSYCHOLOGISCHES

Die psychische Grundeinstellung einem Nahrungsmittel oder dem Essen insgesamt gegenüber spielt eine bedeutende Rolle bei der Einordnung als gesund oder ungesund. Einige der Verunsicherungen in der Wahrnehmung unserer Lebensmittel kann man als recht kurios bezeichnen.

- **Mageirocophobie** ist die wissenschaftliche Bezeichnung für die Angst vor dem Kochen. Damit ist nicht die Unlust oder Faulheit zu kochen gemeint, sondern eine echte Angst, die zum Beispiel soziale Ursachen hat und möglicherweise therapiert werden sollte.
- Der wissenschaftliche Fachbegriff für die Angst vor Erdnussbutter, die am Gaumen kleben bleibt, lautet **Arachibutyrophobie**. Betroffene sprechen von einem schlimmen Brechreiz oder gar der Angst, zu ersticken. Besonders verbreitet ist die Phobie im englischsprachigen Raum.

- Wer panische Angst vor Knoblauch entwickelt, leidet unter **Alliumphobie** und sollte bestimmte Speisen zum Beispiel der Mittelmeerküche meiden.
- Manche Menschen leiden unter einer Weinphobie. Der wissenschaftliche Name für diese Angst lautet **Oenophobie**.

GESCHMACKSFRAGEN

Warum schmeckt eine Speise so, wie sie schmeckt? Ist Geschmack nichts weiter als eine Eigenschaft von Lebensmitteln oder spielen noch andere Faktoren eine Rolle? Ein einschneidendes Erlebnis in dieser Richtung hatte schon mancher von uns im Badezimmer beim Zähneputzen …

- Haben Sie sich schon einmal gefragt, warum Zahnpasta Dinge anders schmecken lässt? Das liegt nicht nur am Aroma der Creme. Zahnpasta blockiert die Süßrezeptoren auf der Zunge. Orangensaft zum Beispiel schmeckt nach dem Zähneputzen sehr seltsam.
- Allzu feine Tischsitten mindern den Genuss: Durch intensives Schmatzen gelangt mehr Duft in die Nase und Geschmack wird deutlich intensiver wahrgenommen. In anderen Kulturen gehört das Schmatzen vermutlich auch deshalb bis heute zum guten Ton.
- Mädchen haben den besseren Geschmackssinn! Zumindest, wenn es um süße oder saure Lebensmittel und deren Unterscheidung geht. Das ergab die weltweit größte Studie zur Geschmackswahrnehmung, an der 8900 Kinder teilnahmen.

- Der Mensch kann zwar nur wenige Geschmacksrichtungen, dafür aber über 20 000 verschiedene Geruchsvariationen wahrnehmen. Eine gemischte Wahrnehmung von Geruchssinn und Geschmack bestimmt, ob uns ein Essen schmeckt oder nicht, wobei der Geruch die entscheidende Rolle spielt.
- Erdbeerkuchen schmeckt süßer, wenn er auf einem weißen statt auf einem schwarzen Teller serviert wird. Die Farbe Weiß lässt den Kuchen intensiver und frischer wirken, was sich auf die Geschmacksempfindung auswirkt – das Auge isst mit.

ALLEIN IM DSCHUNGEL DER ERNÄHRUNGSLEHREN

Sie schießen aus dem Boden wie die Pilze: immer neue Ernährungsregeln und Diäten. Ob vorgeblich von einem Prominenten erfunden oder von einem Ernährungswissenschaftler der Universität Hoppsassa in jahrzehntelanger Forschung entwickelt: Es findet sich immer jemand, der glaubt, nach den Regeln der neuen Lehre abnehmen oder gesunden zu können.

- **Paläo**: Es kommt nur auf den Tisch, was schon der Neandertaler gegessen hat. Verarbeitete Lebensmittel wie Nudeln, Brot oder Zucker, aber auch Reis und Kartoffeln sind verboten. Kritiker merken an, dass sich die Ernährungsbedürfnisse in den letzten zwei Millionen Jahren geändert haben könnten.
- **Rohkost** – Lebensmittel dürfen, so die Lehre, nicht über 42 °C erhitzt werden. Dass auf diese Weise manche Speisen ungenießbar

bleiben – Bohnen zum Beispiel –, bei anderen enthaltene Nährstoffe nicht aufgeschlossen werden, fällt unter den mit Rohkost gedeckten Tisch. So wird etwa das Carotin in Karotten erst durch das Zerkleinern und Kochen für den Körper verfügbar gemacht.

- Roh drüberstreuen oder mitkochen? Bei **Kräutern** ist die Sachlage kompliziert: Schnittlauch, Dill, Basilikum und Petersilie geben roh ihr Bestes, mediterrane Kräuter wie Rosmarin, Thymian und Oregano entfalten ihre antioxidativen Eigenschaften erst, wenn sie mitgekocht werden.
- **Vegan** – alles, was vom Tier stammt, ist verboten: Fleisch, Fisch, Eier, Milch und Honig. Mittlerweile sollen sich 900 000 Menschen vegan ernähren – so der Vegetarierbund Deutschland (Vebu). Experten empfehlen Nahrungsergänzungsmittel.
- **Veggan** ist eine Neuschöpfung aus vegan und dem englischen Wort *egg* (Ei). Vegganer, die auch Ovo-Vegetarier genannt werden, wollen auf Eier nicht verzichten. Ihre Art der Ernährung wird als ovovegetabil bezeichnet. Kommt noch Milch hinzu, spricht man von ovolactovegetabil.
- Aus **Pulver,** mit Wasser aufgegossen, soll ein Ersatz für natürliche Nahrung hergestellt werden können. Produkte wie die Raumfahrernahrung Compleat oder das US-Pulverfutter Soylent gelten als praktisch und modern, wobei Käufer des letzten Produkts sich einmal den Science-Fiction-Film *Soylent Green* anschauen sollten …
- **Clean Eating**: Es wird frisch gekocht, und zwar mit unverarbeiteten Lebensmitteln. Auf Getreideprodukte soll weitgehend verzichtet werden.

- **Entsagungsdiäten**: Der Zeitgeist in der Küche geht in eine Richtung, die Entsagung ganz groß schreibt. Gesundes Essen soll frei von Gluten oder Laktose sein. Entstanden ist dieser Trend aus der Tatsache, dass es tatsächlich eine Laktoseintoleranz gibt, von der, großzügig berechnet, nur etwa jeder Fünfte betroffen ist. Gluten, das Klebereiweiß des Weizens, vertragen etwa 2 bis 3 Prozent der Deutschen nicht.
- **Superfood**: Gewisse Lebensmittel wie Chia-Samen, der Gemeine Bocksdorn, Goji- oder Açai-Beeren und die Inkawurzel sollen erstaunliche gesundheitsfördernde Wirkungen haben – ein sehr geschicktes Marketingkonzept. Sehr gesunde heimische Lebensmittel, zum Beispiel Paprika und Brombeeren, passen nicht zum Lifestyle.
- **Detox-Diät**: Die Vorstellung, man könnte seinen Körper durch bestimmte Nahrungsmittel entschlacken, ist weitverbreitet, aber aller Wahrscheinlichkeit nach ein Irrtum. Die Reinigung des Körpers von Giftstoffen übernehmen Leber und Nieren ganz von selbst. Dennoch funktioniert das Geschäft mit entsprechenden Lebensmitteln und Entschlackungskuren ausgezeichnet. Argumentativ wird das Säure-Basen-Gleichgewicht bemüht, das stets wiederhergestellt werden muss, der moderne Mensch gilt als übersäuert, die Gegenmittel sind überteuert. Säfte, Tees, Suppen und Spülungen sollen nicht nur entgiften, beim Abnehmen helfen und das Immunsystem stärken, sondern vermutlich auch durch mehr Energie im Alltag zu einem Karrieresprung führen.
- Bei **Low-Carb**-Diäten wird die Aufnahme von Kohlenhydraten

drastisch reduziert, denn sie gelten als Dickmacher. Eiweiß- und fettreiche Kost, Obst und Gemüse lassen anfangs die Pfunde purzeln – bis sich irgendwann ein unstillbarer Heißhunger auf Zucker und Kohlenhydrate einstellt und die Kurve wieder nach oben geht.

- **No Carb** oder **Keto** – bei dieser Ernährungsvariante, auch ketogene Diät genannt, dominieren Fette und Eiweiß. Fisch, Fleisch, Milchprodukte, Eier, Nüsse und kohlenhydratarmes Gemüse stehen auf dem Speiseplan. Das nahezu komplette Fehlen von Kohlenhydraten bringt den Körper in eine Art Hungerzustand, genannt Ketose. Fettzellen werden verbrannt, das Gewicht sinkt, bis der Hunger auf Kohlenhydrate übermächtig wird.

FAKTEN, FAKTEN, FAKTEN

Ihre Küche ist ein Teil des Weltalls und somit den dort gültigen physikalischen Gesetzen unterworfen, welche die Naturwissenschaften erkunden. Die hier wiedergegebenen Erkenntnisse erklären zwar nicht die großen Rätsel der Menschheit, bestätigen Sie aber vielleicht in den Vermutungen, die Sie schon immer gehabt haben …

ANATOMISCHES

Hier finden sich einige interessante Informationen über die menschliche Anatomie im Zusammenhang mit dem Essen und Trinken, denn was wäre das Kochen ohne das spätere genussvolle Verzehren und Verdauen der Speisen? Richtig: völlig sinnlos!

- Sie möchten Wasser trinken, während Sie einen Handstand machen? Kein Problem! Die Ringmuskeln in der Speiseröhre sorgen dafür, dass der Speisebrei aus dem Magen nicht wieder herausläuft, wenn man sich vornüberbeugt oder auf den Kopf stellt. Zudem können diese Muskeln Getränke und Nahrung durch ringförmige Konvulsionen entgegen der Schwerkraft in Richtung Magen transportieren. Mal ehrlich: Ist es nicht schön, das zu wissen?
- Ähnlich bedeutsam ist der folgende Hinweis, der unter Salzstangensucht leidenden Personen eine herbe Enttäuschung bereiten könnte: Man kann keine 20 Salzstangen in einer Minute essen, ohne dabei Wasser zu trinken. Probieren Sie es selbst!
- Wenn man isst, bewegt man nur den Unterkiefer.

- Die Verdauung beginnt im Mund. Damit sie funktioniert, produzieren wir jeden Tag ungefähr 1,5 Liter Speichel.
- Speichel ist nicht nur eine Verdauungshilfe. Die Flüssigkeit im Mund versorgt die Zähne mit Mineralstoffen, neutralisiert Säuren und Basen in der Nahrung und die im Speichel enthaltenen Schleimstoffe haben sogar antibiotische und antivirale Wirkungen.
- Speichel ist wichtig für die Aufnahme und den Transport der Nahrung durch den Körper. Durch seine schleimige Konsistenz bildet sich ein weicher Nahrungsbrei, der die Speiseröhre passieren und dann weiter durch Magen und Darm wandern kann.
- Der Weg durch den Magen-Darm-Kanal ist nicht eben kurz; vom Mund bis zum Anus legt jeder Bissen ungefähr 6 Meter zurück. Die Reise der Nahrung wird im Magen für bis zu fünf Stunden unterbrochen. So lange dauert die Erstellung eines für die Verdauung chemisch aufgeschlossenen Speisebreis.
- Die Verdauungssäfte im rund 4 Meter langen Dünndarm neutralisieren die Magensäure und zersetzen den Speisebrei weiter.
- Insgesamt helfen bei der Verdauung bis zu 8 Liter unterschiedlicher Sekrete: 1 Liter Speichel, 2 Liter Magensaft, 2 Liter Sekret der Bauchspeicheldrüse, 0,5 bis 1 Liter Gallenflüssigkeit aus der Leber und 1 bis 2 Liter Dünndarmsekret – pro Tag!
- Die an der Darmwand befindlichen Zotten entziehen dem Speisebrei die verwertbaren Nahrungsbestandteile und machen sie für den Körper verfügbar.
- Was nicht verdaut werden kann, wandert weiter in den Dickdarm und danach in den Mastdarm, wo den nicht verwertbaren

Resten die Flüssigkeit entzogen wird. Das kann fünf bis 70 Stunden dauern.

- Außerdem arbeiten im Dickdarm Milliarden von Bakterien, die pflanzliche Faserstoffe zerlegen und krank machende Keime verdrängen. Was hinten herauskommt, besteht zu etwa 50 Prozent aus Bakterien.
- Wenn diese Kleinstlebewesen fleißig arbeiten und Kohlenhydrate spalten, entstehen im Dickdarm nicht besonders angenehm riechende Gase unterschiedlicher Intensität und Lautstärke – wir nennen sie Blähungen.
- Der längste Furz der Welt: Der Rekordhalter heißt Bernard Clemmens. Er kommt aus London und brachte einen Dauerbrenner von zwei Minuten und 42 Sekunden zustande.

LEBENSMITTEL AUF DEN MÜLL?

- 90 Millionen Tonnen Lebensmittel wandern in der Europäischen Union jedes Jahr auf den Müll. Der Anteil an Obst und Gemüse daran beträgt 48 Prozent.
- Weltweit sind es etwa 1,3 Milliarden Tonnen pro Jahr, wie die Welthungerhilfe angibt.
- 800 000 Tonnen Lebensmittel werden in Deutschland jedes Jahr ungeöffnet weggeworfen.
- Anteil der Haushalte in Deutschland, die ohne Wochenplanung einkaufen: 70 Prozent
- Pro Kopf und Jahr werden in Europa und den USA 105 Kilo-

gramm Lebensmittel weggeworfen, die einen Wert von etwa 300 Euro haben. Südostasien und das südliche Afrika bringen es nur auf 7 Kilogramm.

- Deutsche Verbraucher werfen Lebensmittel weg …
  - weil das Haltbarkeitsdatum abgelaufen ist oder die Ware verdorben ist (84 Prozent),
  - weil eine zu große Menge gekauft wurde (25 Prozent),
  - weil eine zu große Packung gekauft wurde (19 Prozent),
  - weil das Produkt nicht wie erwartet schmeckt (16 Prozent).
- Die österreichische Hauptstadt **Wien** ist weltweit bekannt für ihre Feinbäckereien und die Cafékultur. Leider ist die Kehrseite der Medaille, dass jeden Tag tonnenweise unverkaufte Backwaren in den Müll wandern, und zwar so viel Brot, wie in der Stadt Graz jeden Tag gegessen wird. Selbst die Sozialeinrichtungen in Wien erhalten mehr Brot, als sie an Bedürftige verteilen können.
- Apropos wegwerfen: In **Frankreich** ist es Lebensmittelgeschäften und Supermärkten untersagt, Essbares in den Müll zu werfen. Die Geschäfte müssen noch verwertbare Lebensmittel spenden, kompostieren oder an Organisationen oder Firmen weitergeben, die sie als Tiernahrung aufbereiten.

PIMP YOUR KITCHEN – LIFEHACKS FÜR DIE KÜCHE

Es ist nicht so einfach, in der Küche alles richtig zu machen. Kochen erfordert Wissen und Erfahrung und manchmal stünde man etwas hilflos da, gäbe es nicht diese kleinen Tricks, die oftmals überraschenden Abkürzungen zum perfekten, wohlschmeckenden Ergebnis.

OMAS KÜCHENTIPPS RELOADED

- Eigelb und Eiweiß trennen durch Umschütten ist zu mühsam? Das geht auch einfacher! Man kann das Eigelb mit einer leeren Plastikflasche aufsaugen. Das Ei auf einem flachen Teller aufschlagen, Flasche zusammendrücken, den Griff der Finger um die Flasche langsam lösen. Flupp, ist das Eigelb in der Flasche. Diese über ein anderes Gefäß halten (zum Beispiel einen zweiten Teller) und leicht daraufdrücken. Schon liegt das Eigelb dort, wo es sein soll.
- Der unangenehme Geruch beim Kochen von Blumenkohl und anderen Kohlarten wird abgeschwächt, wenn eine Scheibe Brot mitkocht.
- Es ist eine tolle Sache, wenn man Gehacktes (Rind oder Schwein) in der Tiefkühltruhe als Vorrat griffbereit hat. Ein Problem ist allerdings das Auftauen. Hier gibt es einen Trick: Wenn man das Fleisch in einem Gefrierbeutel zu einer flachen Platte formt, bevor man es einfriert, ist es nicht nur einfacher in der fast vollen Gefriertruhe unterzubringen, sondern auch das Auftauen geht erheblich schneller vonstatten.

- Man muss nicht weinen, wenn man Zwiebeln unter Wasser schneidet. Dann können die reizenden Inhaltsstoffe aus dem Speicherknollen der Zwiebelpflanze die Schleimhäute nicht erreichen, sondern werden vom Wasser aufgenommen. Ebenfalls hilfreich: Kaugummi kauen!
- Röstzwiebeln gewinnen an Farbe und Geschmack, wenn sie in der Pfanne mit etwas Zucker bestreut werden.
- Die grünen Blätter an Erdbeeren stören und müssen mühsam entfernt werden. Am besten geht das mit einem stabilen Strohhalm, den man von unten durch die Erdbeere schiebt.
- Will man etwas Weiches schneiden, gibt es mit einem Messer nur unappetitliche Krümel und Brocken. Mit festem Zwirn oder einem Stück Zahnseide lassen sich Kuchen, Weichkäse und Pasteten sauber und appetitlich schneiden.
- Stumpfe Messer können Sie an der Unterseite eines Keramiktellers schärfen. Einfach die Schneide mehrfach darüberziehen!
- Kein Backpulver im Haus? Nun, ohne Backpulver wird es nichts – der Teig geht beim Backen nicht auf, das Gebäck wird klitschig-klebrig statt locker-flockig. Wenn man den Teig aber statt mit Wasser oder Milch mit Mineralwasser anrührt, übernehmen die feinen Gasblasen darin die Funktion des Backpulvers.
- Schon Oma wusste, wie man mit gusseisernen Pfannen umgeht, aber das lag daran, dass sie ausschließlich gusseiserne Pfannen hatte: Spülmittel muss nicht sein, die Pfanne nach dem Gebrauch einfach mit gewöhnlichem Speisesalz ausreiben und damit säubern, anschließend mit viel kaltem Wasser ausspülen. Zu Zeiten,

als Salz noch über die Maßen teuer war, verwendete man auch feinen Sand.

- Wie wärmt man eine kalte Pizza auf? Da bieten sich mehrere Methoden an: In der Mikrowelle wird ausgekühlte Pizza besonders gut, wenn man zusätzlich ein kleines Glas mit Wasser hineinstellt. Einfacher funktioniert es in der beschichteten Pfanne: Pizza hineinlegen und ohne Fett auf die gewünschte Temperatur erwärmen.
- Langweiliges Apfelmus gewinnt an Geschmack, wenn man es mit etwas Zimt, einer Spur Muskatnuss und einer Gewürznelke veredelt.
- Zu viele frische Kräuter geschnitten? Nehmen Sie eine Eiswürfelform und streuen Sie die Kräuter in die Vertiefungen. Mit Wasser oder – besser noch – etwas Olivenöl auffüllen und im Tiefkühlschrank einfrieren. Für die nächsten Kochaktionen haben Sie frische Kräuter in passenden Portionen bereit.
- Es hätte so gut schmecken sollen, aber dann rieselte einfach viel zu viel Salz hinein, das Chilipulver war stärker als erwartet – und nun ist das ganze Gericht verdorben. Oder doch nicht? Wenn man das schöne Gulasch oder die gesunde Gemüsepfanne nicht wegwerfen mag: dasselbe ohne Salz oder Gewürze noch einmal kochen, zusammenrühren, eine Portion essen, die andere einfrieren. Dies ist das einzige Verfahren, bei dem der Salzgehalt der Speisen wirklich auf ein verträgliches Maß reduziert wird.
- Ist das Salz einmal in der Flüssigkeit, kann man es nur noch blitzschnell abschöpfen – wenn es sich nicht schon aufzulösen

begonnen hat. Falls das nicht mehr funktioniert, helfen in grobe Stücke geschnittene Kartoffeln oder Karotten oder auch trockenes Brot weiter. Sie nehmen einen Teil des Salzes auf und werden vor dem Servieren wieder aus dem Topf genommen.

- Milch, Sahne, Frischkäse oder Quark können helfen, den salzigen Geschmack zu neutralisieren. Es entsteht dann aber ein anderes als das ursprünglich geplante Gericht.
- Ein ganz anderer Weg: Gegen salzig hilft süß. Wenn eine süße Zutat halbwegs zum Gericht passt, können Honig, Rohrzucker oder Agavendicksaft den Salzgeschmack quasi mit Süße umhüllen. Ein versalzener Braten zum Beispiel profitiert vom Einpinseln mit Honigwasser noch im Ofen. Die Süße reduziert den salzigen Geschmack, die entstehende dunkle Kruste ist ein leckeres Extra.
- Auch sauer ist hilfreich gegen salzig. Zitronensaft, Orangensaft, etwas guter Essig oder trockener Weißwein holen die lukullische Kreation ein Stück weit aus der Salzwüste zurück.
- Salzig hilft gegen scharf, wenn es um Radieschen geht. Die verlieren an Schärfe, wenn sie in Scheiben geschnitten und mit etwas Salz bestreut werden. Anschließend mit Küchenkrepp abtupfen – fertig!
- Eigelb ist ein sogenanntes Bindemittel und wird beim Backen verwendet, um dem Kuchen die nötige Festigkeit zu geben. Wenn man kein Ei zur Hand hat, tut eine geriebene Kartoffel denselben Dienst, denn die in ihr enthaltene Stärke kann als Bindemittel dienen.
- Die Pommes stehen auf dem Tisch und es ist keine Mayonnaise im Haus? Die kann man auch ganz leicht selbst machen: Eigelb,

Senf, Essig und Öl mit dem Stabmixer verrühren – fertig. Ist Ei ebenfalls aus, kann man es stattdessen mit Milch probieren.

- Milch kocht beim Erhitzen nicht über, wenn man den Rand des Topfes mit ein wenig Butter einstreicht. Die Fette in der Butter verhindern zudem, dass die Milch eine Haut bildet.
- Ein Löffel im Topf verhindert ebenfalls, dass die Milch eine reißfeste Haut bildet.
- Milch brennt an, wenn sie nicht gleichmäßig genug erwärmt wird. Um dies zu verhindern, kann man den Topf zuvor mit kaltem Wasser auf eine gleichmäßige Temperatur kühlen. Es hilft jedoch schon, wenn die Temperatur der Herdplatte nicht zu heiß eingestellt wird und die Milch beim Kochen gut verrührt wird.
- Wenn man heiße Milch nach dem Kochen mit einem Eiswürfel abschreckt, bildet sich keine Haut. Die Milch wird an der Oberseite leicht gekühlt, was verhindert, dass Eiweißfäden verkleben können.
- Tortellini schwimmen im Kochtopf oben, wenn sie gar sind. Frische Tortellini saugen sich zunächst mit Wasser voll und sinken zu Boden. Wenn sie gar werden, verändert sich die im Teig enthaltene Stärke, quillt auf, gibt Wasser ab und die Tortellini werden leichter. Sie steigen nach oben.
- Würstchen platzen längs und nicht quer auf. Das liegt daran, dass die Spannung in Längsrichtung bei röhrenförmigen Dingen doppelt so hoch ist wie die in Querrichtung.
- Ein nicht abgeschrecktes Ei lässt sich genauso gut schälen wie ein abgeschrecktes. Ob sich ein gekochtes Ei gut schälen lässt oder nicht, hängt vielmehr von Herkunft und Alter des Eis ab.

- Muscheln sollte man nur in den Monaten mit einem »r« im Namen essen, besagt eine alte Regel aus der Zeit vor der Einführung des Kühlschranks. Nur in den Monaten September bis April ist das Wetter kalt genug, sodass die Muscheln nicht verderben. Muscheln laichen außerdem von Mai bis August. In dieser Zeit ist ihr Fleisch von geringerer Qualität.
- Um frische Sardinen zu essen, sind genau umgekehrt nur die Monate ohne »r« gut geeignet, also Mai bis August, da sie dann saftiger sind und besser schmecken.
- Ein Frischhefewürfel im Supermarkt ist immer genau 42 Gramm schwer. Der Grund dafür ist, dass der Würfel bei diesem Gewicht die Menge lebender Hefezellen enthält, die für 1000 Gramm Teig oder 500 Gramm Mehl benötigt wird. Bis Mitte des 19. Jahrhunderts musste lebende Hefe im Haushalt noch eigenständig herangezogen werden. Erst danach begann die industrielle Produktion.
- Joghurt und frische Ananas vertragen sich nicht. Im Fruchtsaft der Ananas ist ein Enzym namens Bromelain enthalten, welches das im Joghurt enthaltene Eiweiß flockig werden lässt. Häufig führt dies zu einem unangenehm bitteren Geschmack. Tipp: Dieser Effekt bleibt aus, wenn Sie die Ananasstücke vor dem Unterrühren mit heißem Wasser übergießen.
- Wenn man eine Ananas salzt, schmeckt sie nicht salzig, sondern süßer. Das Salz entzieht der Frucht Wasser, neutralisiert die Säure im Fruchtfleisch und sorgt dafür, dass die drei Zuckerarten Glukose, Fruktose und Saccharose in den Vordergrund treten.

GANZ BESONDERE WERKZEUGE

Essen kann man auch ohne besondere Hilfsmittel – zwei Hände genügen. Aber in der Küche ist es eindeutig von Vorteil, wenn man über gewisse Gerätschaften verfügt.

- Die Schlitze im Pfannenwender sollen verhindern, dass heißes Fett beim Wenden verspritzt wird und zu Verbrennungen führt.
- Pfannengriffe haben ihr Loch nicht nur zum Aufhängen. Es kann als Halterung für Kochlöffel verwendet werden.
- In früheren Zeiten wurden Kuchen noch mit Messer und Gabel gegessen. Der besondere Zinken der heute verwendeten Kuchengabel ersetzt die Funktion des Messers. Mit seiner Hilfe lässt sich der Kuchen leichter aufspießen und zerteilen.
- Essstäbchen wurden bereits vor 3500 Jahren in China verwendet und gelangten im siebten Jahrhundert durch buddhistische Missionare nach Japan und Korea.
- Messer galten in China als Waffen und waren daher am Tisch nicht gerne gesehen. Bis heute gehört das Zerteilen der Speisen in mundgerechte Stücke zur Arbeit des Kochs oder der Köchin.
- In Thailand wird die Gabel nur dazu benutzt, die Speisen auf einen Löffel zu schieben, der dann zum Mund geführt wird. Direkt von der Gabel zu essen gilt als schlechtes Benehmen.
- Die Chilenen essen alle Gerichte mit Messer und Gabel. Selbst Pommes frites werden nicht mit den Händen verzehrt.
- Monika Veidt aus Schönebeck hat einen 16 Quadratmeter großen Topflappen gehäkelt – 400 000 Maschen im Format 4 x 4 Meter. Nun fehlen nur noch die passenden Töpfe.

ZAHLEN UND REKORDE

Warum sollten ausgerechnet die Bereiche Essen und Trinken ausgeklammert werden, wenn es um den mess- und zählbaren Irrsinn geht? Nichts anderes sind nämlich Rekorde – der Versuch, durch eine besondere Leistung Unsterblichkeit im Gedächtnis der Menschheit zu erreichen.

GEMÜSE, KARTOFFELN UND ANDERE RIESENDINGER

- Hobbygärtner Helmut Mahr aus Hessen blies 2016 eine Zucchini mit Dünger und viel Liebe auf 53,5 Kilogramm auf. Derselbe Gärtner tat sich 2017 mit einem 2,96 Meter langen Riesenkürbis hervor.
- Die bisher größte Zucchini brachte es auf 65 Kilogramm.
- Die längste Möhre soll 6,25 Meter gemessen haben.
- Eine Monster-Karotte gelang Christopher Qualley aus Minnesota/USA: 10,17 Kilogramm.
- Auch die größte Kartoffel bringt es auf beachtliche Ausmaße: Die erste Rekordkartoffel mit einem Gewicht von 3,2 Kilogramm, geerntet 1963 von J. East in Spalding, Lincolnshire/England, war nur ein bescheidener Anfang. Supergärtner Peter Glazebrook aus Halam, Nottinghamshire/England, erntete eine knapp 4 Kilogramm schwere Knolle. Er beglückte die Welt außerdem mit der bisher schwersten Zwiebel: 8,15 Kilogramm.
- In Saudi-Arabien soll eine Kartoffelknolle märchenhafte 13 Kilogramm auf die Waage gebracht haben.

- Die wirkliche Sensation allerdings kam aus der ursprünglichen Heimat der Kartoffelpflanze: Südamerika. Mit 80 Kilogramm Gewicht wurde 2014 im Gebiet von Manaus, Brasilien, eine Knolle ausgegraben, die ihresgleichen noch sucht.
- Was wollte uns wohl ein Lebensmittelhersteller aus Lettland sagen, der einen 3,2 Tonnen schweren Kartoffelsalat produzierte? Er soll 940 Kilogramm Kartoffeln, 500 Kilogramm Mayonnaise und 6000 gekochte Eier verarbeitet haben. Nachträglich überprüfen lässt sich das nicht – das Gericht soll auf großen Hunger in der Bevölkerung gestoßen und spurlos in vielen Mägen verschwunden sein.
- Ein 821,24 Kilogramm schwerer Kürbis wuchs im Garten des amerikanischen Gärtners Chris Stevens. Das Riesending hatte einen Umfang von 4,7 Metern.
- Der Schweizer Beni Meier rettete Europas Gärtnerehre mit einem noch größeren und schwereren Kürbis: 1054 Kilogramm Gewicht und 5,72 Meter Umfang.
- Das konnte US-Landwirt Steve Geddes nicht unbeantwortet lassen. Er konterte mit einem wahrhaften Kürbis-Giganten: 1146 Kilogramm.
- Semla heißt das schwedische Fastenbrötchen, das Ähnlichkeit mit einem Germknödel oder einem Windbeutel hat. Ein Prachtexemplar mit einem Gesamtgewicht von 300 Kilogramm, davon 130 Kilogramm Sahne und 30 Kilogramm Mandelpaste, hält den augenblicklichen Weltrekord für derartiges Gebäck.
- Weltmeister im Brennnessel-Essen ist der britische Gemüsebauer Simon Sleigh. Bei einem Wettkampf im südwestenglischen

Marshwood verspeiste er Brennnessel-Blätter mit einer aneinandergereihten Länge von 23 Metern. Brennnessel schmeckt übrigens ähnlich wie Spinat.

- Werner Fitterling, der »Knödelkönig von Oberderdingen«, hat die längsten Knödel der Welt kreiert – 100,06 Meter und 200 Meter – und er hält neben anderen Weltrekorden den Rekord im Dauerspätzlemachen – 25 Stunden.
- Die längste Sushirolle mit Saikon-Rettich und Sesam war 2845 Meter lang. Sie wurde 2016 im Tamana City Labor Athletic Center in der im Süden Japans gelegenen Stadt Tamana hergestellt. Sie reichte für 400 Personen. Allerdings gibt es noch zahlreiche weitere Anwärter auf diesen Rekord.
- Das teuerste Sushi, fünf Stück Nigiri – Reisrollen mit Fisch und Meeresfrüchten belegt, bedeckt mit Gold und Diamanten – kreierte 2010 der philippinische Küchenchef Angelito Araneta Jr. Der Preis: 1978 US-Dollar.

SUPERFOOD UND LUXUSESSEN

Vielen Menschen schmeckt handfestes, einfaches Alltagsessen gut. Manchen ganz besonderen Individuen mundet es aber erst dann, wenn sie sich ihre Luxuslebensmittel ein Vermögen haben kosten lassen.

- **Fleur de Sel** ist mit einem Preis von circa 90 Euro pro Kilogramm das teuerste Salz der Welt. Ganz allein steht es mit diesem Preis aber nicht da. Sowohl das schwarze oder rote Hawaii-

Salz als auch das dänische Wikinger-Rauchsalz sind für einen Preis von circa 80 Euro pro Kilogramm zu haben.

- **Weiße Trüffel** sind eine Delikatesse, aber schwer zu finden. Für die Suche nach ihnen werden vor allem Hunde eingesetzt. 1 Gramm kostet etwa 4 Euro.
- Die **Eier des Beluga-Störs** liefern die teuerste Kaviar-Sorte der Welt. Pro Gramm müssen etwa 27 Euro bezahlt werden.
- Teure japanische **Kobe-Rinder** werden mit Heu aus Australien und den USA gefüttert. Mit Bier und Sake massiert werden sie allerdings nicht. Der Preis für ihr Fleisch liegt pro Kilogramm immerhin bei über 400 Euro.
- Echter, traditionell hergestellter **Balsamicoessig** kostet zwischen 75 und 400 Euro pro Flasche oder sogar mehr.
- Die teuerste Frucht der Welt dürfte die japanische **Yubari-Melone** sein. Zwei dieser Melonen wurden 2016 für 24 200 Euro versteigert. Der Preis hat wenig mit der Qualität der Ware zu tun – die Käufer dieser Frucht zu horrenden Preisen erwarten von dieser großen Ausgabe eine Art magische Wirkung, nämlich Publicity und dadurch einen positiven Impuls für ihre eigenen und die Geschäfte des Landes überhaupt, eine Art moderner Aberglaube.

STATISTISCHER GROSSEINKAUF

Würde man den gesamten Lebensmittelbedarf eines Jahres für eine durchschnittliche Person in Deutschland als Vorrat anlegen wollen, so müsste man etwa folgende Mengen in einen sehr großen Einkaufswagen packen:

130 kg	Milch und Milcherzeugnisse
96 kg	Gemüse, davon 24 kg Tomaten, 6,6 kg Gurken, 5 kg Rot- und Weißkohl
85 kg	Fleisch, darunter 14 kg Rindfleisch, 55 kg Schweine-fleisch und 20 kg Geflügel
80 kg	Brot
60 kg	Kartoffeln (1950 waren es noch 186 kg!)
50 kg	Obst, davon 21 kg Äpfel und 10,5 kg Bananen
50 kg	Zucker
20 kg	Öle und Fette
16 kg	Fisch, davon 27 Fischstäbchen
8,7 l	Speiseeis (oder 124 Kugeln)
8,6 kg	Schokolade und Schokoladenwaren
1,2 kg	Kartoffelchips
214	Eier
28,2 l	Wein
102,0 l	Bier
30,0 l	Limonade
144 l	Mineralwasser

DIE SPEISEKAMMER

Heute gibt es dieses wunderbare Zimmer in einer modernen Wohnung nicht mehr. Leicht Verderbliches lagert im XXL-Kühlschrank, die übrigen Vorräte sind in praktischen Schubfächern der Designerküche verteilt und größere Mengen haben wir outgesourced, nur ist unser mobiles Lagerhaus der Supermarkt. Dort steht alles bereit, was wir gebrauchen könnten, abgesehen von Produkten der sanitären Grundversorgung, die in Krisenzeiten knapp werden können. Aber Klopapier und Handseife gehören ja nicht zu den Lebensmitteln, um die es hier gehen soll. Machen wir uns also auf den Weg durch unsere virtuellen Vorräte …

BROT – HEIMAT IN SCHEIBEN

Es mag Länder geben, in denen Brot nicht zu den wichtigsten Nahrungsmitteln in den Haushalten gehört – Deutschland zählt nicht dazu. Ohne Brot ist man hierzulande völlig aufgeschmissen.

Die Geschichte des Brotes

Als die Menschen vor mehr als 10 000 Jahren begannen, Getreide zu essen, bereiteten sie es zuerst als wässrige Suppe und später als Brei zu. Wenn man diesen Brei, eine Mischung aus Wasser und zerstoßenen Getreidekörnern, auf einen heißen Stein oder in die noch warme Asche des Feuers legte, erhielt man einen Fladen – den Vorläufer des Brotes.

Irgendwann wird sich in den frühen Jahren der Menschheit in einem Tongefäß der erste Sauerteig der Menschheitsgeschichte gebildet haben. Vom verärgerten Frühmenschen, der seinen Getreidebrei für verdorben hielt, in die Asche des Feuers geworfen, buk in der Resthitze der erste Brotfladen, hergestellt von Bäcker Zufall. Vielleicht waren unsere Vorfahren aber auch so intelligent, mit angegorenem Getreidebrei zu experimentieren. Dann gäbe es womöglich einen Erfinder des Sauerteigs, der uns leider auf ewig unbekannt bleiben wird.

Vor etwa 2000 Jahren nutzten auch die Ägypter den Gärprozess, der es möglich macht, Brot in der uns heute bekannten Form herzustellen. Ein nächster Schritt war die Erfindung der Getreidemühle und der Teigmaschine durch die Römer.

Der Stolz jedes Bäckers – die Brotsorten

Getreide, Wasser, Salz und ein Treibmittel – Hefe oder Sauerteig – bilden die Grundlage für jedes Brot.

Es sind nicht nur 300 unterschiedliche Brotsorten, die in Deutschland hergestellt und angeboten werden. Diese Zahl wurde vor vielen Jahrzehnten von der Bundesanstalt für Getreide-, Kartoffel- und Fettforschung in Detmold geschätzt. Neuere Zählungen – zum Beispiel vom Verband des Rheinischen Bäckerhandwerks – kommen auf über 1100 Brotsorten deutschlandweit. Das Brotregister auf der Website des Deutschen Brotinstituts zählt sogar über 3200 »Brotspezialitäten«. Ohne Frage, Deutschland kann sich einer vielfältigen Brotkultur rühmen.

- **Weizenbrot** besteht aus mindestens 90 Prozent Weizenmehl, zugegeben werden Fett, Zucker und Milch. Zu erkennen ist es an seiner hellen Krume und einer goldbraunen Kruste. Der Weizen, der in einem einzigen Weizenbrot verarbeitet ist, benötigt 2000 Liter Wasser, um heranzuwachsen.
- **Roggenbrot** hat einen Anteil von mindestens 90 Prozent Roggenmehl und wird mit Sauerteig gebacken. Es bleibt sehr lange frisch.
- **Vollkornbrot** enthält mindestens 90 Prozent Weizen- oder Roggenvollkornmehl oder eine Mischung beider Sorten. Je nach Menge der Zutaten kann es hell-goldbraun bis dunkelbraun aussehen.
- In einigen Brotrezepten wird die natürliche **Aminosäure L-Cystein** verwendet, um das im Mehl enthaltene, klebrige Gluten aufzubrechen. Lange Zeit hielt sich das Gerücht, dass diese Substanz aus Schweineborsten, Entenfedern oder sogar aus menschlichem Haar gewonnen würde, was bei vielen Ekelgefühle auslöste und das Brot als für Veganer ungeeignet erscheinen ließ. Mittlerweile wird L-Cystein in einem patentierten Verfahren unter Verwendung von pflanzlichem Eiweiß synthetisch hergestellt.

Toastbrot

- Geröstetes Brot aßen bereits die Römer.
- Der Ausspruch »einen Toast ausbringen« stammt aus dem England des 19. Jahrhunderts und hat tatsächlich etwas mit dem

Toastbrot zu tun. Die englischen Lords gaben eine Scheibe Toastbrot in ihr Glas, vermutlich, um den Wein zu erwärmen und seinen Geschmack zu verbessern. Wer mit einem Trinkspruch auf etwas anstoßen wollte, musste zunächst den Toast aus dem Wein entfernen – ihn ausbringen.

- Im Jahr 1908 reichte Frank Shailor, ein Mitarbeiter der Firma General Electric, ein Patent für den elektrischen Toaster ein, wie wir ihn heute kennen. 1909 ging der Toaster in die Serienproduktion.

Verschimmeltes Brot

- Schimmelbildung im Brot verhindert man durch Auswaschen des Brotbehälters mit Essigwasser mindestens einmal wöchentlich.
- Kleine Brotkrümel sind der ideale Angriffspunkt für Schimmelpilze und sollten deshalb regelmäßig und sorgfältig entfernt werden.
- Auch bei geringem Schimmelbefall an der Oberfläche des Brotes sollte man den ganzen Laib oder alle Schnitten entsorgen, weil sich die Schimmelpilzfäden bereits unsichtbar durch das Innere des Brotes ziehen, wenn außen Schimmel zu erkennen ist.

Breze(l)n – Genuss mit Salz

Manches Gebäck sieht alltäglich und langweilig aus – nicht so diese verschlungenen Backwaren, die neben den Semmeln, Schrippen und Brötchen in die Abteilung Brot gehören. Seit alters kringelt sich früh, was eine Brezel werden will …

- Im antiken Rom wurde zu bestimmten Kulthandlungen ein Brot in Ringform gereicht – der Vorläufer der Brezel.
- Die frühen Christen wählten das ringförmige Brot für ihre Abendmahlfeier, die eine kultische Handlung darstellte.
- Es dauerte bis zum späten 12. Jahrhundert, doch dann hatte sich aus dem Ring die in sich verschlungene Brezelform entwickelt.
- Um die Brezelform ranken sich verschiedene Legenden. Eine erzählt von einem zum Tode verurteilten Bäcker aus Urach, der sich vor der Hinrichtung retten konnte, weil es ihm gelang, ein Gebäck herzustellen, durch das dreimal die Sonne scheinen konnte.
- Die verdrehten Windungen bei Brezeln sollen wie im Gebet verschränkte Arme eines Mönches aussehen, um den sich die zweite Legende rankt. Ein Bäckergeheimnis? Man spricht von einem sogenannten Gebildbrot, einem Gebäck, das etwas darstellen soll.
- Dazu passt die Wortherkunft: Brezel geht auf das lateinische Wort *brachium* zurück, und das bedeutet nichts anderes als »Arm«.
- In Bayern und Österreich heißt es übrigens Breze, im Plural Brezen. So steht es als regionale Variante auch im Duden.

- Brezeln haben sogar eine heilsame Wirkung, nämlich gegen Sodbrennen. Während des Backprozesses, bei dem Natronlauge und Kohlendioxid eine Rolle spielen, entsteht Natriumhydrogencarbonat (NaHCO3), von dem ein Rest auf der Oberfläche zurückbleibt – ein altes Hausmittel gegen Übersäuerung des Magens: Natron.
- Neben den braunen – die Farbe kommt von der Behandlung mit Natronlauge – werden in Bayern auch weiße Brezen gebacken: sogenannte Fastenbrezen, die zusätzlich zum Salz noch mit Kümmel bestreut werden.
- Für süße Brezeln wird ein anderer Teig verwendet – sie sind mit den salzigen nur von der Form her verwandt.

EIER – DAS GELBE VOM EI

- Gesund, hübsch anzusehen, perfekt verpackt und auch ohne Kühlung ziemlich lange haltbar – wenn es noch nicht gelegt wäre, müsste man es erfinden: das Ei.
- Ein Ei enthält 7 bis 8 Gramm Eiweiß, was etwa 10 Prozent des Tagesbedarfs eines durchschnittlichen Erwachsenen entspricht.
- Irreführender Name: Das Gelbe eines Eis enthält mehr Eiweiß als das Weiße eines Eis.
- Eier liefern zahlreiche Vitamine und Mineralstoffe, darunter Eisen, Zink, die Vitamine A, D und E sowie die B-Vitamine B2 (Riboflavin) und B9 (Folsäure). Auch das wichtige Vitamin B12,

das sonst fast nur in Fleisch vorkommt, ist enthalten: 2 Milligramm sind drin und decken die Hälfte des Tagesbedarfs.

- Ein einziges Eigelb reicht für die Herstellung von 24 Liter Mayonnaise.
- »Ich legte jeden Tag ein Ei und sonntags auch mal zwei …«, heißt es in dem alten deutschen Schlager »Ich wollt ich wär ein Huhn«. Das kommt nicht ganz hin: Im Jahr 2012 legten deutsche Hühner im Schnitt 298 Eier pro Jahr. Sonntags legten sie also nicht doppelt, sondern gar nicht.
- Welche Farbe die Eier von Hühnern haben, lässt sich an einem Hautlappen am Ohr des Huhns erkennen. Ist die sogenannte Ohrscheibe rot, so legt das Huhn mit großer Wahrscheinlichkeit braune Eier. Ist die Ohrscheibe hingegen weiß, werden es weiße Eier sein.
- Die Deutschen gaben 2014 ungefähr 74 Millionen Euro für Eierlikör aus, aber 457 Millionen Euro für Wodka.
- Oma und Opa glaubten, dass man Eier nicht mit dem Messer »köpfen« darf. Da die heutigen Messer nach dem Kontakt mit Eiweiß nicht anlaufen, wie Silberbesteck es tat, ist es mittlerweile gang und gäbe, die Eier mit dem Messer aufzuschlagen.
- Eier, die im Supermarkt gekühlt werden, sollten auch nach dem Einkauf in den Kühlschrank – es ist besser, die Kühlkette nicht zu unterbrechen.
- Ungekühlte Eier aus dem eigenen Hühnerstall, vom Markt oder vom Bauernhof müssen nicht gekühlt werden. Sie halten sich bis zu 18 Tage lang.
- Noch ein Warnhinweis: Eier explodieren in der Mikrowelle!

- Wie frisch ist mein Ei? Das lässt sich ganz einfach herausfinden: Legen Sie das Ei in ein Glas Wasser. Ist es sehr frisch, sinkt es auf den Boden und bleibt dort auf der Seite liegen. Sollte das Ei bereits eine Woche alt sein oder noch ein paar Tage mehr hinter sich haben, wird das stumpfe Ende des Eis leicht nach oben zeigen. Unter der Schale hat sich eine Luftkammer gebildet, die dem Ei ein wenig Auftrieb gibt. Roh sollten sie es nicht mehr essen, machen Sie ein Frühstücksei, ein Spiegelei oder Rührei daraus. Es ist wegen einer möglichen Verunreinigung mit Salmonellen ohnehin gefährlich, rohes Ei zu essen.
- Will das Ei nicht untergehen, sondern steht mit dem stumpfen Ende nach oben im Wasser, so ist es zwei bis drei Wochen alt und vielleicht schon verdorben. Gase in seinem Inneren treiben es nach oben. Vom Verzehr wird abgeraten.
- Ein Ei kann übrigens auch zu frisch sein. Wenn sich im Inneren noch keine Luftkammer gebildet hat, ist es jedenfalls schlecht zu pellen.

EIS – EISKALT UND LECKER

Menschen neigen dazu, wechselnd mit der Außentemperatur zu essen. Klirrt draußen der Frost, brauchen wir heißen Tee und warme Suppen. Erreicht das Thermometer tropische Werte, entsteht eine unwiderstehliche Lust auf Eis …

Eisrekorde

- Eis ist nur was für heiße Tage? Stimmt nicht! Den höchsten Pro-Kopf-Verbrauch an Speiseeis haben in Europa nicht die Italiener mit nur 5,5 Litern, sondern die Finnen mit 13,2 Litern pro Jahr. Die Deutschen bringen es auf 7,4 Liter.
- Weltweit an der Spitze, was den Eisverzehr angeht, liegt Neuseeland mit 28 Litern Eis pro Kopf und Jahr.
- Eiswaffeln wurden 1904 für die World's Fair in St. Louis, Missouri/USA, als Behälter für das Eis der Besucher erfunden.
- Die weltweit größte Eiswaffel – über 3 Meter hoch – wurde 2015 in Norwegen gebacken.

Die Geschichte der Eiscreme

- Das erste Speiseeis aßen vermutlich die Herrscher im alten China. Sie ließen sich eigens große Eislager anlegen.
- Für die römischen Herrscher kamen Schnee und Eis vom Apennin-Gebirge. Schnellläufer brachten auch im Sommer kühle Erfrischung. Serviert wurde dieses Natureis mit Früchten, Honig oder Rosenwasser.
- Die Herstellung von Speiseeis wurde stark vereinfacht, als Nancy Johnson im Jahr 1843 die Eismaschine erfand. Sie wurde mit einer Handkurbel angetrieben.
- Das erste Patent für ein Gerät, das Waffeln mechanisch in Hörnchenform brachte, erhielt Antonio Valvona 1902 in Manchester.

- Die erste industrielle Eisfabrik wurde am 15. Juni 1851 in Seven Valleys, Pennsylvania/USA, von dem Milchhändler Jacob Fussell aus Baltimore gegründet. Er bot sein Sahneeis zum unschlagbaren Preis von 25 Cent pro Liter an.
- Das Eis am Stiel war, wie viele andere Dinge auch, eine Zufallserfindung. Im Winter 1905 ließ der Limonadenhersteller Frank Epperson ein Glas Limonade, in dem ein Löffel steckte, versehentlich im Freien stehen. Es entstand Wassereis mit Griff. 1923 ließ er sich diese Erfindung patentieren.
- Sein Landsmann Harry Bust meldete am 9. Oktober 1923 Vanilleeis am Stiel mit Schokoladenüberzug zum Patent an.
- Softeis war in den 1970er- und 1980er-Jahren beliebt. Die frühere britische Premierministerin Margaret Thatcher soll vor ihrer Karriere als Politikerin in einem Nahrungsmittelkonzern in dem Team mitgearbeitet haben, welches das Softeis entwickelte.
- Softeis war für die Gesundheit nicht immer ungefährlich. Es wurde anfangs mit rohen Eiern hergestellt, Infektionen bei Eisessern waren nicht selten. Modernes Softeis kommt ohne die Zutat Ei aus und die Softeismaschinen pasteurisieren ihre Produkte.
- Spaghettieis kommt nicht aus Italien. Erfunden wurde es im Jahr 1969 in Mannheim.
- Häagen-Dazs (sprich: Hagen Das) ist ein amerikanischer Eishersteller. Der Firmengründer Reuben Mattus gab seinem Unternehmen 1961 diesen Namen, um seinen Verbrauchern europäische Tradition und Handwerkskunst vorzugaukeln. »Häagen-Dazs« ist ein Kunstwort und bedeutet nichts. Reuben Mattus ent-

schied sich bewusst für einen dänisch klingenden Namen, da Dänemark im Zweiten Weltkrieg das einzige Land Europas gewesen sei, das Juden gerettet habe. Der Sohn jüdisch-polnischer Einwanderer begann sein Unternehmen mit dem Vorsatz, das beste Eis der Welt herzustellen.

Eiskalte Fakten

- Viele Eiscafés in Deutschland tragen den Namen »Dolomiti«. Das hat seine Ursache in der Herkunft der meisten italienischen Eismacher: Sie stammen aus einem Tal in den Dolomiten, dem Val di Zoldo.
- Der Eishersteller Langnese bietet ein Speiseeis am Stiel in Form eines dreifachen Gipfels an – Name: Dolomiti.
- In den USA hat das Vanilleeis einen eigenen Gedenktag. Der 23. Juli ist der National Vanilla Ice Day.
- In Köln gab es eine Zeit lang Lakritz-Eis zu kaufen. »Der verrückte Eismacher« in München hat Sorten wie Erdbeer-Orgasmus, Kinder-Riegel, Matcha-Tee, Walnuss-Feige und Weiße-Schoko-Himbeere im Angebot, aber auch wechselnde Sorten mit dem Geschmack von Weißwurst, Kalbsschnitzel, Döner, Pizza oder Bier. Klar, dass Japan es noch schräger kann: In Tokio soll es eine Eisdiele geben, in der Eis mit dem Geschmack von rohem Pferdefleisch angeboten wird.
- Neben Pizza und Cola vermissen Astronauten im Weltall vor allem Eiscreme

FISCH – ESSEN MIT FLOSSEN

Um uns herum gibt es eine gewaltige Fischsuppe: die Ozeane. Gut, sie ist inzwischen etwas wässrig geworden, an gehaltvollen Zutaten mangelt es vielerorts und manche Fischsorten sind von Überfischung bedroht. Gefangen wird mit Angel oder Netz. Wer dazu nicht ausreichend begabt ist, kann auch in der Tiefkühlabteilung des Supermarkts fischen …

- Der mit Abstand beliebteste Fisch in Deutschland ist der **Alaska-Seelachs**. Wir essen ihn als Schlemmerfilets oder in Form von Fischstäbchen.
- **Lachs** – sowohl aus Aquakultur als auch Wildfang – folgt auf Platz 2.
- Der weltweit am häufigsten gegessene Fisch ist der **Hering**, der in allen Ozeanen der Welt vorkommt. In Deutschland schafft es der Fisch jedoch nur auf Platz 3.
- Obwohl der Name etwas anderes vermuten lässt, zählt der Alaska-Seelachs nicht zu den Lachsen, sondern zu den Dorschen.
- Über 60 Jahre Fischstäbchen: **Fischstäbchen** wurden erstmals 1959 in Großbritannien verkauft. Die *fish fingers* sollten die britische Fischwirtschaft fördern. Inzwischen gibt es sie sogar mit Vollkornmehl oder glutenfrei paniert.
- Fischstäbchen werden weder aus Fischresten noch aus minderwertigem Fisch hergestellt. Vielmehr besteht ihr Inneres aus reinem Seelachsfilet.
- Die Firma Iglo, deren Kapitän seit 1969 zum Symbol für Fischstäbchen schlechthin geworden ist, verarbeitet 22 500 Tonnen

Fisch pro Jahr zu Fischstäbchen. Das sind 400 000 Fischstäbchen pro Stunde.

- Im Wasser der Reisfelder werden in Ostasien oft auch Fische gezüchtet. Besonders beliebt sind die Arten **Pangasius** und **Tilapia**. Tierschützer kritisieren diese Art der Haltung als nicht artgerecht.
- Bei unsachgemäßer Zubereitung kann eine Mahlzeit mit **Fugu**, einem Kugelfisch, tödlich enden. Die Fische enthalten ein Toxin, das 1200-mal giftiger ist als Cyanid.
- **Fischmilch** oder Melcher, das Sperma von Fischen, wird frisch oder mit Salz konserviert als Lebensmittel verwendet und gilt mancherorts als Delikatesse.
- **Fischrogen**, sozusagen das weibliche Gegenstück, besteht aus Fischeiern. Auch er wird, auf unterschiedliche Art zubereitet, als Lebensmittel serviert. Die teuerste Sorte: Kaviar.
- Vor 50 Jahren wurden nur 40 Prozent des Speisefischs, der in Deutschland verzehrt wurde, aus dem Ausland importiert. Heute sind es knapp 90 Prozent.
- Vor 50 Jahren sorgten noch 1700 Ostseefischer in Schleswig-Holstein mit ihren Fischkuttern für täglich frischen Fisch, heute sind es nur noch 270.
- Große Raubfische stehen am Ende der Nahrungskette, viele Schadstoffe und giftige Schwermetalle reichern sich in ihrem Fleisch an. Besonders Thunfisch ist stark belastet, zum Beispiel mit Quecksilber.
- In Zuchtanlagen werden Fische mit Fischmehl gefüttert. Da ein großer Bedarf besteht, wird etwa ein Viertel der gefangenen Wildfische zu Fischfutter für Aquakulturen verarbeitet. Für ein

einziges Kilogramm Lachs benötigt man 6 Kilogramm Kleinfische unterschiedlicher Arten.

- Das am längsten haltbare Fischprodukt ist die *Sardellenpaste.* Wegen des hohen Salzgehalts – Salz ist ein natürliches Konservierungsmittel – bleibt die Fischpaste auch nach dem Öffnen der Tube im Kühlschrank bis zu zwei Jahre lang genießbar.
- Der größte Handelsplatz der Welt für Fisch mit einem Umsatz von 660000 Tonnen pro Jahr ist der Fischmarkt Toyosu in Tokio. Jeden Tag wird dort Fisch im Wert von mehr als 2,7 Millionen US-Dollar verkauft. Während der ersten Versteigerung des Toyosu-Marktes im Jahr 2019 zahlte ein Geschäftsmann die Rekordsumme von 3,08 Millionen Dollar für einen 278 Kilogramm schweren Nordpazifischen Blauflossenthunfisch *(Thunnus orientalis).*

FLEISCH

Kommt sie, die Apokalypse im Supermarkt? Werden sich Vegetarier und überzeugte Fleischesser eines Tages die finale Schlacht liefern? Dass Massentierhaltung den Tieren unnötiges Leid zufügt, sollte eigentlich jeder wissen. Gehen wir also bei den folgenden Zeilen davon aus, dass nur glückliche Tiere für den Fleischkonsum ihr Leben gelassen haben – gern haben sie es sicher nicht getan.

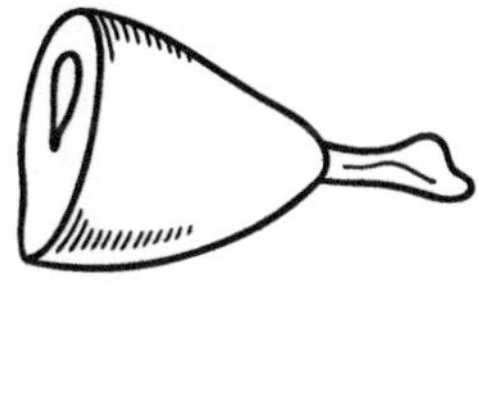

Fleisch-Fakten

- Um 1 Kilogramm Muskelfleisch anzusetzen, benötigt ein pflanzenfressendes Tier rund 7 Kilogramm pflanzliche Nahrung. In der Fleischproduktion handelt es sich dabei weltweit oft um Sojaprodukte.
- Männer essen mehr Fleisch als Frauen. Das gilt übrigens für alle Kulturen.
- Israelis sind weltweit die Geflügelesser Nummer 1. 63 Kilogramm Huhn oder Pute verspeisen sie im Jahr pro Kopf.
- In Deutschland liegt der jährliche Fleischkonsum bei etwa 85 Kilogramm pro Person. Ein Teil davon ist Geflügelfleisch: 18,5 Kilogramm pro Jahr. 2001 waren es noch 6 Kilogramm.
- 2016 wurden weltweit rund 317 Millionen Tonnen Fleisch produziert – das sind mehr als 42 Kilogramm pro Person.
- Rind- und Kalbfleisch werden in Indien (heilige Kühe!) mit nur 0,5 Kilogramm pro Jahr und Person sehr wenig gegessen. Ähnlich ist es in Mosambik: Hier werden – wohl auch wegen einer Krise in Ackerbau und Viehzucht durch einen Bürgerkrieg – nur 0,8 Kilogramm verzehrt.
- Führend im Rindfleischkonsum sind Uruguay mit 44,3 Kilogramm und Argentinien mit 40,8 Kilogramm pro Kopf und Jahr.
- In muslimischen Ländern wie Algerien, Pakistan und Iran wird Schweinefleisch so gut wie gar nicht gegessen. Das Schwein gilt dort als unrein.
- In China hingegen entfallen auf jeden Kopf der Bevölkerung etwa 31,4 Kilogramm Schweinefleisch.

- In EU-Ländern kommen 32,7 Kilogramm Schweinefleisch pro Einwohner auf den Teller.
- Die deutsche Landwirtschaft produzierte im Jahr 2019 Schweine mit einem Schlachtgewicht von insgesamt 5,2 Millionen Tonnen.
- Auf deutschen Tellern landen in den letzten zwei Jahrzehnten regelmäßig zwischen 59 und 62 Kilogramm Schweinefleisch pro Kopf und Jahr. Das entspricht einem täglichen Verzehr von 160 bis 170 Gramm pro Kopf.

BBQ

Im 16. Jahrhundert trafen spanische Eroberer auf der Insel Hispaniola in der Karibik auf Ureinwohner, die Fleisch auf einem Holzgestell über einer Grube brieten. Der Aufbau war so geschickt gewählt, dass die Fleischstücke nicht verbrennen konnten, aber dennoch gut gegart wurden. Die Konstruktion trug in der Sprache der Ureinwohner den Namen *barabicu,* heilige Feuergrube. Die Eroberer zeigten sich beeindruckt und verbreiteten das Wissen über den richtigen Umgang mit dem Feuer in den neuen Kolonien:

- In North Carolina wurden um 1660 zuerst Schweine auf dem Barbecue zubereitet, die von den Europäern eingeführt worden waren. Das Barbecue war perfekt für die Verwertung des kompletten Tieres, dessen Fleisch nach etwa zwölf Stunden über dem Feuer zart und leicht von den Knochen zu lösen war und ausgesprochen gut schmeckte.

- Im 17. Jahrhundert wurde das BBQ im Süden der USA zu einem gesellschaftlichen Ereignis, bei dem viele Menschen zusammenkamen. Das ging nicht immer ohne Konflikte ab. In Virginia musste daher ein Gesetz erlassen werden, das den Umgang mit Schusswaffen während BBQs regelte.
- Ein großer Anhänger des Barbecues war Präsident George Washington, der, wann immer es ihm möglich war, öffentliche BBQs besuchte. Natürlich grillten Washington und die übrigen hochrangigen Zuwanderer ihr Fleisch nicht selbst. Afrikanische Sklaven waren es, welche die Zubereitung meisterhaft beherrschten.
- Nach dem Ende des Bürgerkriegs und der Sklaverei im Jahr 1863 nutzten viele der befreiten Sklaven ihr Können, um ihren Lebensunterhalt zu bestreiten. Sie eröffneten eigens zusammengezimmerte BBQ-Hütten, Vorläufer heutiger Restaurants, zogen mit Wagen umher oder verkauften ihr gegrilltes Fleisch auf der Veranda ihres Hauses.
- Wegen der Gesetze zur Rassentrennung durften Schwarze keine Restaurants eröffnen, die auch für Weiße zugänglich waren. Die meisten erfolgreichen BBQ-Restaurants hatten deshalb weiße Besitzer.

Steaks

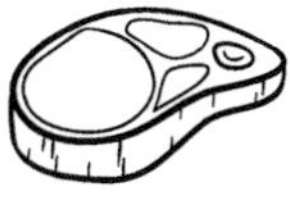

Das beste aller Fleischgerichte hat weltweit Millionen von Anhängern, man kennt eine Vielzahl von Rezepten und Zubereitungsweisen und es hat sich eine ganz eigene, zum Teil auch regional unterschiedliche Esskultur entwickelt. Das beginnt bereits bei den Garstufen:

rare = dünne braune Kruste, innen roh
english = braune Kruste, innen rosa, der Kern ist rot
medium rare = braune Kruste, innen durchgängig rosa
medium = braune Kruste, nur noch im Kern rosa
well done = ganz durchgebraten

- Ein blutiges Steak ist eigentlich gar nicht blutig. Tatsächlich enthält das Fleisch schon vor der Zubereitung keine nennenswerte Menge Blut mehr. Die rote Farbe erhält das rohe Steak von den in den Proteinen des Fleisches enthaltenen Eisenverbindungen. Werden diese Proteine erhitzt, denaturieren sie und es entsteht eine gräuliche Färbung.
- Beim Fleisch durch scharfes Anbraten die Poren schließen? Fleisch hat an der Außenseite überhaupt keine Poren, die sich schließen könnten, und die braune Schicht, die beim Anbraten entsteht, macht das Fleisch keineswegs äußerlich dicht. Der Fleischsaft kann herauslaufen, wie man bei einem Steak beobachten kann, das nach dem Braten auf einem Teller liegt.
- Dass der Fleischsaft beim scharfen Anbraten nicht austritt, hat damit zu tun, dass der Vorgang des Bratens recht kurz ist und der Saft erst später austritt. Außerdem bräunt die große Hitze die oberflächlichen Eiweißschichten der äußeren Fleischzellen – es bildet sich eine leckere Bratenkruste.

GARNELE? KRABBE? KREBS?

Sie haben acht oder zehn Beine und schmecken ausgezeichnet: Krabben, Krebse und Garnelen. Aber was ist nun Krabbe, was Garnele oder Krebs? Es herrscht ein ziemliches Durcheinander und geht schon bei den heimischen Angeboten los:

- Nordseekrabben sind eigentlich keine Krabben, denn sie haben keine Kneifscheren. Eigentlich müsste man sie Nordseegarnelen nennen.
- Nordseegarnelen sind grau. Erst durch das Kochen in Salzwasser erhalten sie ihre rötliche Farbe.
- Die Preise für Nordseegarnelen schwanken sehr – im Winter sind sie besonders teuer, weil das Angebot gering ist.
- Verrückterweise werden die in der Nordsee gefangenen Garnelen nach Nordafrika gebracht und dort von ihren Schalen befreit – beim sogenannten Pulen bleiben von 1000 Gramm Nordseegarnelen nur noch 300 Gramm übrig. Die geschälten Garnelen werden dann zurück nach Deutschland gebracht. Möglicherweise ändert sich das gerade – zunehmend mehr Krabben werden in Deutschland verarbeitet.
- Tropische Garnelen, sogenannte Shrimps, sind größer als Nordseegarnelen. Sie werden entweder wild gefangen oder in Farmen gezüchtet. Beides verursacht in den Entwicklungsländern schwere Umweltzerstörungen. Werden mit Schleppnetzen wilde Garnelen gefangen, so werden die Lebensräume am Boden der Gewässer zerstört, zahllose Tiere sterben als Beifang.
- Sollen tropische Garnelen in industriellem Umfang gezüchtet

werden, so werden für die Teiche Mangrovenwälder oder landwirtschaftlich genutzte Flächen zerstört. Die Abwässer der Garnelenfarmen und die dort verwendeten Chemikalien fügen der Umwelt schweren Schaden zu. Zudem sind die Garnelen aus tropischer Zucht besonders oft mit Antibiotika belastet. Bei Nordseekrabben tritt dieses Problem nicht auf – sie stammen ausschließlich aus dem offenen Meer.

- Zuchtgarnelen werden mit Fischöl und Fischmehl gefüttert. Für 1 Kilogramm Shrimps benötigt man mehr als 3 Kilogramm Futter.

GEMÜSE

Mit Erbsen und Möhren ist es nicht getan – wer über einen Wochenmarkt geht, kann sich an zahllosen alten und neuen Gemüsesorten sattsehen oder sie einkaufen.

- **Möhren** sind nicht immer rot und Mais ist nicht immer gelb. Von vielen Gemüsesorten gibt es Kreuzungen und Ur-Varietäten in unterschiedlichen, nicht alltäglichen Farben. Sogar violette Paprikaschoten, Brokkoli, Stangenbohnen und Kohlrabi sind erhältlich.
- »Friesische Palme« wird der **Grünkohl** genannt, weil zunächst ein Stängel in die Höhe wächst, bevor sich schließlich oben wie bei einer Palme die Blätter zu öffnen beginnen. Ein ausgewachsener Grünkohl kann bis zu 1,80 Meter hoch werden. Die deutschen Hauptanbaugebiete liegen im Norden.

- In vielen Städten und Gemeinden Niedersachsens und Schleswig-Holsteins wird ein regelrechter Kult um den Grünkohl betrieben. Höhepunkt ist die jährliche Krönung eines neuen Kohlkönigs.
- Der **Lauch** ist das Nationalgemüse des englischen Landesteils Wales und wird dort in großen Mengen verzehrt. Wales trägt sogar einen Lauch in seinem Wappen. Um den Ursprung ranken sich Mythen und Legenden. Unter anderem wird behauptet, Soldaten hätten im siebten Jahrhundert den Lauch als Erkennungszeichen an ihre Helme gesteckt; zudem seien ihm magische Kräfte zugeschrieben worden.
- Der US-Bundesstaat Oklahoma führt die **Wassermelone** als nationales Gemüse.
- Ein Gemüse und gleichzeitig eine Blume? Das schafft im Pflanzenreich nur der **Brokkoli**. Eine andere Bezeichnung für Brokkoli ist Winterblumenkohl.
- Albert R. Broccoli (1909–1996) war kein Gemüsezüchter, sondern einer der Produzenten der James-Bond-Filmreihe.
- Zu viele **Karotten** in der Nahrung können die Milch von Kühen rosa färben.
- **Tomatenpflanzen** können sich gegenseitig vor Schädlingen warnen. Wird eine Pflanze angeknabbert, gibt diese über die Luft einen Warnstoff an ihre Nachbarpflanzen ab. Die reagieren wiederum mit der Bildung von Abwehrstoffen.
- Einmal im Jahr findet in Buñol in Spanien die größte Tomatenschlacht der Welt statt, die sogenannte Tomatina. Aber auch in einem Tomatenkrieg gibt es Regeln: Geworfen werden dürfen nur eingedrückte Tomaten, um Verletzungen zu vermeiden.

Außerdem sollen Tomatenlieferanten nur überreife Früchte liefern, die leicht zerplatzen.

- Eines der saftigsten Lebensmittel ist die **Gurke**, die zu 96 Prozent aus Wasser besteht.
- **Yamswurzeln** ähneln zwar äußerlich und im Geschmack den Süßkartoffeln, sind aber nicht mit ihnen verwandt.
- **Radieschen** gehören zur selben Familie wie Kohl.
- Der **Weißkohl** wird im Rheinland und im Ruhrgebiet auch Kappes genannt. Diese Bezeichnung ist über die Zwischenform *caputium* aus dem lateinischen *caput,* »der Kopf«, entstanden. Auch die französische Bezeichnung für Kohl, *caboche,* und das englische *cabbage* gehen auf das lateinische *caput* zurück.

KARTOFFELN

Gebraten, gekocht, gebacken, als Ganzes, püriert oder in Scheiben – Kartoffeln sind aus der deutschen Küche nicht wegzudenken. Sie sind es, die den guten Geschmack von Soßen transportieren und unsere Mägen füllen – die Sattmacher der Nation.

- Bei den Kartoffelknollen handelt es sich um die unterirdischen Früchte der Kartoffelpflanze – oder? Nein. Die eigentlichen Früchte dieser Pflanze sind grün und befinden sich nicht unter der Erde, sondern am oberirdischen Spross: grüne Beeren, die sich aus einer kleinen weißen Blüte entwickeln. Diese Beeren sind, wie alle grünen Teile der Nachtschattenpflanze, leicht giftig – und schmecken auch nicht sonderlich gut.

- Als die Kartoffel im 16. Jahrhundert in Europa eingeführt wurde, galt sie zuerst als Zierpflanze.
- Später kam es vor, dass sich jemand die grünen Kartoffelfrüchte durch Kochen zubereitet oder sie roh verspeist hat – mit unangenehmen Folgen in letzterem Fall.
- Die unterirdischen Knollen der Kartoffelpflanze sind wertvolle Nahrungs- und Energiedepots für die Pflanze, der Nahrungsvorrat für das nächste Jahr quasi. Werden die Kartoffeln nicht geerntet und gegessen, wachsen im Frühjahr neue Kartoffelpflanzen daraus hervor.
- Alle grünen Teile der Kartoffeln enthalten die Substanz Solanin, ein respektables Gift. Es dient der Kartoffel zur Abwehr von Fäulniserregern.
- Vergiftungsgefahr? Wie bei allen giftigen Stoffen kommt es auf die Dosis an, die dem Körper zugeführt wird. Die Kartoffelsorten der Vergangenheit enthielten viel Solanin – zwischen 30 und 50 Milligramm pro 100 Gramm Kartoffeln. Moderne Arten weisen nur noch wenig Solanin auf – 3 bis 7 Milligramm pro 100 Gramm, und das Gift befindet sich fast nur noch in den grünen Teilen der Schalen.
- Die Dosis Solanin, die erste Vergiftungserscheinungen hervorruft, liegt bei 200 Milligramm. Erst 400 bis 800 Gramm rohe Kartoffelschalen einer »giftigeren« Sorte führen zu Benommenheit, Berührungsüberempfindlichkeit und erschwerter Atemtätigkeit.
- Die tödliche Dosis für einen durchschnittlichen Erwachsenen ist etwa 300 bis 500 Milligramm reines Solanin. Wenn Sie also für einen Giftmord eine Sorte mit etwa 5 Milligramm pro 100 Gramm

Schale verwenden, müsste das Opfer 6 bis 10 Kilogramm rohe Kartoffelschalen essen …

- Eine überkommene Verhaltensregel, die sinnlos weiterpraktiziert wird, besagt, dass man Kartoffeln nicht mit dem Messer schneiden darf. Es gibt mittlerweile keine Messer aus einfachem Eisen mehr, die beim Schneiden von Kartoffeln anlaufen würden.
- Kartoffeln machen nicht dick, denn 100 Gramm der Feldfrüchte mit Schale enthalten nur etwa 70 Kilokalorien. Geschält erreichen sie nicht gerade nahrhafte 86 Kilokalorien – eine Banane bringt es auf 95 bis 100 Kilokalorien pro 100 Gramm und enthält deutlich mehr Zucker.
- Die eigentlichen Dickmacher bei Kartoffelgerichten sind die übrigen Teile der Mahlzeit: Würste, Speck, Käse und fette Soßen. Salzkartoffeln oder Kartoffelpüree allein schlagen bei einer Mahlzeit nur mit etwa 100 bis 150 Kilokalorien pro Portion zu Buche – davon wird niemand dick.

Kartoffelsorten mit merkwürdigen Namen

- Auf deutschen Äckern gedeihen vielerlei Kartoffelsorten mit zum Teil wohlklingenden und überraschenden Namen, zum Beispiel:

  Ackersegen – Adretta – Aeggeblomme – Allians – Angeliter – Tannenzapfen – Augusta – Bamberger Krumbeere – Bintje Blaue Anneliese – Blauer Schwede – Charlotte – Desiree – Finka Glorietta – Goldmarie – Granola – Heideniere – Heiderot – La

Bonnotte – La Ratte – Lady Balfour – Linda – Marabel – Mayan Gold – Odenwälder Blaue – Pink Gipsy – Puikula – Red Sonia – Rosa Tannenzapfen – Rote Emmalie – Sarpo Mira – Schwarze Ungarin – Sieglinde – Violetta

- Besonders exotisch:

  Molodjoschnyi, die Kartoffelsorte aus der Ukraine bringt zahlreiche glatte Knollen hervor – deshalb bedeutet ihr Name wohl »junge Leute«
- »Schweinedreck« und »Die, die die Braut zum Weinen bringt« werden zwei Kartoffelsorten aus den peruanischen Anden genannt.
- Karuparera – »Entenauge« – heißt eine Kartoffel mit brauner Schale und gelben Augen aus Neuseeland in der Sprache der Maori.

Kartoffelchips

Was haben die Zuschauer bei dem langweiligen Fernsehprogramm nur gemacht, als es noch keine Kartoffelchips gab, fragt sich mancher und greift ein weiteres Mal in die Tüte. Derlei Überlegungen sind unnötig – Kartoffelchips gab es lange vor Radio und Fernsehen …

- Bei den Kartoffelchips handelt es sich vermutlich um eine zufällige Erfindung. Der Koch George Crum hatte nämlich – es war im Jahr 1853 – mit einem Gast zu kämpfen, der sich über die bestellten Bratkartoffeln beschwerte: viel zu dick geschnitten! Nachdem der Gast die Bratkartoffeln mehrfach hatte zurückgehen lassen, schnitt der Koch die Kartoffeln so dünn und ließ sie so lange in der Pfanne schmoren, bis er nicht mehr mit einer Gabel hineinstechen konnte. Sein Gast war hocherfreut!

- Weil das Kartoffelschälen mit dem Messer zu arbeitsaufwendig war, wurden die Kartoffelchips zunächst nicht zu einem großen Erfolg. Der kam mit der Verfügbarkeit der ersten brauchbaren Kartoffelschälmaschinen zu Beginn der 1920er-Jahre.
- Kartoffelchips waren am Anfang ungewürzt.
- 100 Gramm Kartoffelchips haben etwa 530 Kilokalorien. Sie enthalten rund 50 Gramm Kohlenhydrate, 40 Gramm Fett und 6 Gramm Eiweiß. Wer 250 Gramm verspeist, hat nicht nur 1325 Kilokalorien zu sich genommen, sondern zusätzlich auch noch 6 Gramm Salz – die Obergrenze der empfohlenen Tagesmenge. Glücklicherweise enthält die Standardtüte der meisten Sorten nur 175 Gramm Chips.
- Sogenannte Stapelchips – die in der Röhre – werden nicht aus der frischen Kartoffel, sondern aus einem speziellen Kartoffelpüreeteig hergestellt, in die passende Form gebracht – sie müssen ja übereinander passen – und zum Abschluss gewürzt.
- Mit nur 1,21 Kilogramm pro Jahr halten sich die Deutschen beim Verzehr von Chips zurück. Unsere niederländischen Nachbarn bringen es auf mehr als 3 Kilogramm pro Jahr.

KÄSE

Manche Menschen aus Asien empfinden Ekelgefühle, wenn Angehörige der westlichen Zivilisation »vergammelte Milch« essen und ihnen das auch noch deutliches Wohlgefallen bereitet.

So ein Käse!

- Jeder Deutsche isst im Jahr etwa 23,9 Kilogramm Käse – Platz 3 in Europa. Nur in Frankreich (26,4 kg) und Finnland (25,9 kg) wird mehr Käse verzehrt. Die Niederlande (21,7 kg), in vielen Vorstellungen das Käseland an sich, belegen erst Platz 8 nach Griechenland (23,1 kg), Österreich (22,3 kg), Italien (22,2 kg) und der Schweiz (22 kg).
- Die beliebteste Käsesorte in Deutschland ist der Gouda, rund 3,7 Kilo verspeist jeder Deutsche davon jährlich.
- Es ist der im Milchfett gelöste Farbstoff Betacarotin, welcher dem Käse seine Farbe verleiht.
- Warum stinkt ein Käse eigentlich? Grund für den Geruch sind Bakterien im Käse. Während ein Käse reift, verarbeiten Bakterienkulturen das enthaltene Eiweiß und geben den typischen Geruch ab. Wie stark und wonach ein Käse stinkt, hängt von der Art der Bakterien und von der Dauer der Reifung ab. Alter Käse riecht stärker als frischer Käse.
- Eine bestimmte Bakterienart *(Brevibacterium linens)* ist bei vielen Käsesorten für den Käsegeruch verantwortlich. Die Bakterien zersetzen den Milchzucker und die Eiweißmoleküle des

Käses und lassen dabei schwefelhaltige Verbindungen entstehen, die wir als unangenehm stinkend oder kraftvoll-aromatisch wahrnehmen.

- Dieselben Bakterien, die diesen Käseduft verursachen, sind übrigens auch die Ursache für menschliche Käsefüße.
- Mancher würde es einen mörderischen Gestank nennen: Der Vieux-boulogne«, ein französischer Rohmilchkäse, nimmt für sich in Anspruch, unter den Käsesorten der größte Stinker der Welt zu sein. Der Geruch entsteht, weil er während der Herstellung sowohl mit Rotschmiere (eine Oberflächenbehandlung der Käserinde mit *Brevibacterium linens*) als auch mit Bier behandelt wird.
- Bei anderen Käsesorten sind Schimmelpilze die Geruchserzeuger.
- Der älteste archäologische Käsefund stammt aus dem Gebiet des heutigen Polen. In einer Ausgrabungsstätte wurden Käserückstände und Werkzeuge aus dem Jahr 5500 vor Christus gefunden.
- Wenn man hart gewordenen Käse ein paar Stunden in frische Milch einlegt, wird er wieder weich und lecker.

Käse kann kosten

- Eine der teuersten Käsesorten ist der serbische Eselskäse **Pule**. Die Eselsstuten gehören zu einer nahezu ausgestorbenen Rasse von Balkaneseln, von denen nur noch 300 bis 500 Tiere in Reservaten existieren. Sie werden dreimal am Tag gemolken, geben aber jeweils nur 200 Milliliter Milch. Für 1 Kilogramm Käse werden 25 Liter Milch benötigt. 1 Kilogramm Pule-Käse kostet deshalb ungefähr 1000 Euro.

- Wie mache ich aus einer an sich schon recht teuren Käsesorte einen exorbitanten Luxusartikel? **Blue Stilton** und **White Stilton** gehören zu den besten, die das Land zu bieten hat, aber der König der englischen Käsesorten ist der White Stilton Gold – ganz einfach White Stilton mit einer Beimischung von Gold. Daraus ergibt sich ein Preis von 700 Euro je Kilogramm.
- Mit einem Preis von 500 Euro je Kilogramm weist sich der schwedische **Elchkäse** aus, der nicht etwa ein traditionelles Lebensmittel ist, sondern von Christer und Ulla Johansson erfunden wurde. Sie betreiben eine Elchfarm in Bjurholm und stellen den Elchkäse aus der Milch domestizierter Elchkühe her. Diese können nur zwischen Mai und September gemolken werden und liefern dabei nur etwa 400 Liter pro Jahr und Elchkuh – das ergibt etwa 300 Kilogramm des kräftig schmeckenden Elchkäses. Die geringe Produktionsmenge und die begrenzte Verfügbarkeit machen den Preis entsprechend teuer. Zum Vergleich: Eine Hochleistungsmilchkuh der Spitzenklasse erreicht pro Jahr fast 30 000 Liter.
- Den Preis von **Wyke Farms Cheddar** treiben die traditionelle Herstellungsweise nach alten Rezepten und die erlesenen Zutaten von Trüffeln bis Blattgold in die Höhe: bis zu 300 Euro je Kilogramm. Im Onlineshop der Farm im englischen Wyke Champflower/Somerse finden sich aber auch hochwertige Cheddar-Angebote zu durchaus erschwinglichen Preisen.
- **Bitto storico**, eine seltene Käsesorte aus der Lombardei in Nord-

italien, wird aus Kuhmilch hergestellt, der 10 bis 20 Prozent Ziegenmilch zugegeben wurde. Der herzhafte und würzige Käse bekommt seine Qualitäten durch die lange Reifezeit – mindestens zehn Jahre. Der Preis dieser Käsespezialität liegt bei 245 Euro je Kilogramm.

- **Old-Ford-Ziegenkäse** – von Hand gepresst, acht Monate gereift – ist ein halbfester, leicht krümeliger, fein säuerlich schmeckender Schnittkäse mit einer festen braunen Rinde, der etwa 80 Euro je Kilogramm kostet. Seine große Beliebtheit treibt den Preis in die Höhe.
- Der **Caciocavallo Podolico** trägt einen irritierenden Namen, der übersetzt etwa »Pferdekäse« bedeutet. Dabei handelt es sich um einen traditionellen süditalienischen Käse aus Kuhmilch. Man vermutet, dass man die Käselaibe früher während des Transportes wie Satteltaschen auf den Pferderücken spannte und dort reifen ließ. Der birnenförmige Caciocavallo hat eine glatte Rinde, die immer dunkler wird, während er reift. Grundstoff für diesen Käse ist die Milch von Podolica-Rindern, einer Rinderrasse, von der nur noch 25 000 Exemplare leben. Wenn man berücksichtigt, dass die Kühe dieser überschaubaren Herde nur zwischen Mai und Juni gemolken werden können, erklärt sich der Preis von 70 Euro je Kilogramm.
- Der französische **Epoisses** ist eine sehr alte Käsesorte mit bekannter Geschichte: Er wurde im frühen 16. Jahrhundert von Zisterziensermönchen der Abtei von Citeaux erfunden. Außerdem zählt er zu den geruchsintensiven Käsesorten. Er wird unter Einhaltung höchster Qualitätsstandards aus Kuhmilch her-

gestellt und reift 30 bis 40 Tage in den Käsekellern einer kleinen Gemeinde im Herzen Frankreichs. Seinen säuerlichen, leicht alkoholischen Geschmack verdankt er dem Marc de Bourgogne, einem französischen Brandy, welcher der Käsemasse während der Herstellung beigemischt wird. Alles zusammen macht ihn entsprechend teuer: etwa 65 Euro je Kilogramm.

Auf ähnlichem Preisniveau liegt der ursprünglich englische Käse **Jersey Blue**. Inzwischen ist die Produktion ausgewandert: Eine Herde von Jersey-Kühen weidet in der Schweiz und produziert dort ihre Milch mit dem besonders hohen Fett- und Eiweißgehalt. Den Rest machen der Käsemeister und der Blauschimmel: Es entsteht ein cremiger Käse mit einzigartigem Geschmack.

Der **Cacio Bufala** ist, das lässt der Name schon vermuten, wie ursprünglich der Mozzarella ein Käse aus Büffelmilch, allerdings ein halbfester Schnittkäse. Er reift acht bis zwölf Monate in den Höhlen von Casa Madaio, schmeckt sehr mild und cremig und kostet etwa 60 Euro pro Kilogramm.

MAIS POPPT

Mais *(Zea mays)* gehört zu den Süßgräsern und stammt ursprünglich aus Mexiko. Weltweit werden jährlich über 1,1 Milliarden Tonnen Mais geerntet – damit ist Mais die am weitesten verbreitete Getreideart. Allerdings werden 60 Prozent der Ernte an Nutztiere verfüttert. Ein anderer Teil wird zur Erzeugung von Bio-Kraftstoffen oder Bio-Kunststoffen genutzt.

- In Teilen Österreichs und Altbayerns trägt der Mais den lustig klingenden, aus dem Slawischen stammenden Namen Kukuruz.
- Mais ist glutenfrei, er enthält das Klebereiweiß nicht und ist deshalb ideal für Menschen mit Glutenunverträglichkeit (Zöliakie).
- Für die Bevölkerung Afrikas und Lateinamerikas ist Mais ein Grundnahrungsmittel.
- Sehr auffällig tritt Mais in unseren Breiten in Form von Popcorn auf. Popcorn ernährt seine Leute: Ohne den Verkauf von Popcorn – süß oder salzig – wäre so manches Provinzkino längst pleite.
- Ein durchschnittlicher Maiskolben besitzt 800 Körner in 16 Reihen.
- Damit Mais zu Popcorn werden kann, muss er sehr trocken sein. Frischer Mais vom Feld ist außen noch zu feucht, um zu Popcorn zu werden. Ist die Schale trocken und hart geworden, kann der Mais erhitzt werden. Das im Korn enthaltene Restwasser verdampft bei ausreichender Erhitzung schlagartig – 1 Milliliter Wasser ergibt 1,673 Liter Dampf – und das Maiskorn poppt!
- Mais auf deutschen Feldern ist meistens Futtermais, der auch getrocknet oft keine harte Schale hat und deshalb nicht »poppt«.

MUSCHELN

- Obwohl man sie – und einiges anderes Getier aus den Ozeanen – Meeresfrüchte nennt, sind sie eigentlich Tiere, die es sich zwischen zwei Kalkschalen unter Wasser gemütlich machen.
- Nord- und Ostseemuscheln enthalten deutlich weniger Schad-

stoffe als Muscheln aus dem Mittelmeer, dessen Wasser erheblich schmutziger ist.

- Kaufen Sie keine Muscheln aus dem Mittelmeer, denn sie filtern das schmutzige Wasser und speichern Schadstoffe!
- Wenn Muscheln aufbewahrt werden müssen, dann im Kühlschrank bei Temperaturen unter 7 Grad Celsius und für höchstens drei Tage.
- In Schutzatmosphäre (reiner Sauerstoff!) verpackte Muscheln sind ein wenig geöffnet. Wenn man sie unter Wasser hält und kurz an der Muschelschale »anklopft« (zum Beispiel mit einem Teelöffel), müssen sie sich wieder vollständig schließen. Muscheln mit beschädigter oder vollständig offener Schale sollten aussortiert werden!
- Muscheln werden in einem ausreichend großen Topf gekocht, damit sie sich öffnen können. Auch Muscheln, die nach dem Kochen geschlossen bleiben, kann man noch essen, wenn man sie vorsichtig mit einem Messer öffnet.
- Weiß und orange gefärbte Miesmuscheln unterscheiden sich nicht in Qualität und Geschmack.
- Muscheln sind gesund, sie enthalten wenig Fett (1 Prozent) und sind reich an Vitaminen und Mineralstoffen wie Phosphor, Eisen, Kupfer und Selen.
- Auch in Miesmuscheln gibt es manchmal Perlen, allerdings nur kleinere und dunkel gefärbte.
- Miesmuscheln lassen sich mit oder ohne Gabel essen. Die erste leere Schale kann zum Werkzeug werden, um die weiteren Muscheln aus der Schale zu holen.

NÜSSE

Gäbe es keine Nüsse, müsste man sie erfinden. Sie sind wohlschmeckend, ungeheuer gesund und perfekt verpackt. Wäre es nur nicht so schwierig, manche von ihnen ohne Werkzeug zu öffnen!

- **Cashewkerne** sind die Früchte eines tropischen Baumes mit dem wissenschaftlichen Namen *Anacardium occidentale*. Sie kommen aus dem Nordosten Brasiliens. Die Cashewnuss befindet sich am unteren Ende des Cashewapfels, einer apfelförmigen Scheinfrucht, die eigentlich nur eine Verdickung des Fruchtstiels ist. Cashewnüsse sind reich an Eisen und Vitamin B1, enthalten aber weniger Fett als andere Nusssorten.
- **Haselnüsse** sind die Früchte des Haselstrauchs, eines in Mitteleuropa und Kleinasien verbreiteten Birkengewächses. Sie ergänzen schon viele Hundert Jahre lang die Ernährung in diesen Gebieten. Haselnüsse aus dem Supermarkt kommen meist aus der Türkei, wo 70 Prozent des weltweiten Bedarfs produziert werden. Haselnüsse werden häufig zu Brotaufstrich verarbeitet und sind wegen ihres hohen Gehalts an Vitamin E sehr gesund.
- **Paranüsse** kommen aus Südamerika und wachsen in kokosnussförmigen Kapselfrüchten von sehr großen und schnellwüchsigen Bäumen heran, die bis zu 55 Meter hoch werden. Sie werden nicht in Plantagen angebaut, sondern wild im Urwald gesammelt. Sie enthalten viel Selen, das den natürlichen Alterungsprozess aufhalten soll. Allerdings sollten sie in Maßen genossen werden, damit es nicht zu einer Selen-Überdosierung kommt – sechs Nüsse pro Tag genügen.

- **Pekannüsse** kommen vom Ufer des Mississippis in den Vereinigten Staaten, oft aus den US-Staaten Texas und Louisiana. Für die menschliche Gesundheit kann ihr Gehalt an Zink nützlich sein – es stärkt das Immunsystem und hilft bei der Zellreparatur. Im Geschmack ähneln Pekannüsse den Walnüssen.
- Auch **Pistazien** sind die Früchte eines Baumes und entfernt mit der Cashewnuss verwandt. Die sehr wohlschmeckenden Nüsse enthalten wenig Fett, aber eine Vielzahl von Mineralien und Vitaminen.
- Harte Schale, weicher Kern: Für die äußerst schmackhafte, aber teure **Macadamianuss** gilt das ganz besonders, denn sie ist die härteste und am schwierigsten zu knackende Nuss. Sie kommt ursprünglich aus Australien, ist reich an ungesättigten Fettsäuren und soll daher helfen, den Cholesterinspiegel zu senken. Da sie viele Kalorien hat, sollte sie nur in Maßen genossen werden.
- **Walnüsse** sind die Früchte des Walnussbaums, der in ganz Mitteleuropa verbreitet ist. Dennoch kommen die Walnüsse, die wir im Supermarkt kaufen, meist aus China, den USA, der Türkei oder dem Iran. Dort erreichen sie ein höheres Gewicht und können zudem besser verarbeitet und speziell getrocknet werden. Sie sind reich an Mineralstoffen und Vitaminen und gelten deshalb als ausgesprochen gesund.
- **Mandeln** sind die Kerne der Frucht des Mandelbaums, eines Rosengewächses, und somit im eigentlichen Sinne keine Nüsse. Man unterscheidet Süßmandeln, die knusprigen Krachmandeln und die Bittermandeln, die zwar aromatisch schmecken, aber

wegen ihres Blausäuregehalts schon in kleinen Mengen giftig sind.

- **Erdnüsse** sind keine Nüsse, sondern zählen zu den Hülsenfrüchten wie Erbsen und Bohnen.

OBST

Schon seit etlichen Generationen ist Obst das Sinnbild der gesunden Ernährung – und Obst ist in nahezu allen Sorten in jedem Supermarkt verfügbar.

- Deutsche essen pro Jahr und Person im Schnitt um die 70 Kilogramm Obst.
- Das beliebteste Obst sind **Äpfel** – etwa 25 Kilogramm verzehrt jeder Deutsche im Jahr.
- Von ungefähr 6000 verschiedenen Apfelsorten weltweit wachsen immerhin 1500 in Deutschland. Leider sind im Supermarkt nie mehr als fünf oder sechs dieser Sorten im Angebot.
- Äpfel gehören zur Familie der Rosengewächse, ebenso wie Birnen und Pflaumen.
- Äpfel schwimmen im Wasser, weil Luft 25 Prozent ihres Volumens ausmacht.
- Den Platz 2 auf der Beliebtheitsskala besetzt die **Banane**: 12,4 Kilogramm pro Kopf und Jahr.
- Auf ihrer langen Reise von Übersee nach Deutschland werden die bei der Ernte noch grünen Bananen mit dem Reifegas Ethen behandelt. Bei ihrer Ankunft im Supermarkt sind die Bananen

dann genau so reif, wie der Kunde es sich wünscht. Aber Achtung: Auch Äpfel stoßen Ethen aus. Werden Bananen und Äpfel zu Hause zu nah beieinander gelagert, werden die Bananen schnell überreif.

- Bananen können bei Depressionen helfen. Ihr Verzehr wirkt sich positiv auf die Stimmungslage aus.
- Um den Reifegrad von **Preiselbeeren** zu prüfen, lässt man sie fallen. Reife Preiselbeeren hüpfen wie Gummibälle.
- Reife **Wassermelonen** erkennt man am Klang: Sie klingen dumpf und voll. Hört es sich hohl an, ist die Frucht noch unreif.
- Der **Granatapfel** heißt nicht so, weil seine Form an eine Granate erinnert. Tatsächlich ist es genau umgekehrt. Die Granate trägt ihren Namen, weil sie an einen Granatapfel erinnert. Der Name der Frucht wiederum leitet sich vom lateinischen *granum* ab, was »Korn« bedeutet. Deutsche Soldaten übernahmen die Bezeichnung *granata* schließlich Anfang des 17. Jahrhunderts von den Italienern.
- Angeschnittenes **Obst** wird braun, da die im Obst enthaltenen Fruchtsäfte mit dem Sauerstoff der Luft reagieren. Das Enzym Phenolase oxidiert und wird zu braunen Chinonen. Es handelt sich um einen Schutzmechanismus der Zellen.
- Älteres und damit süßeres Obst wird schneller braun, da es weniger schützende Säure enthält, die die Verfärbung verhindern würde. Auf die Gesundheit hat die Verfärbung keinen Einfluss.
- Das Beste sitzt in und unmittelbar unter der Schale: Experten empfehlen, Äpfel, Gurken und andere Sorten Obst und Gemüse mit essbarer Schale nicht zu schälen, weil direkt unter der Schale

wertvolle Inhaltsstoffe zu finden sind. Dagegen spricht die Tatsache, dass direkt auf der Schale Rückstände von Pestiziden verbleiben, deren Verzehr gesundheitlich bedenklich ist. Die Lebensmittel sollten also gründlich abgewaschen oder in Bio-Qualität gekauft werden.

- Die **Avocado** ist mit sehr großem Abstand die Frucht mit dem höchsten Fettgehalt aller Obst- und Gemüsearten. Sie stammt ursprünglich aus Südmexiko und wächst dort an einem Baum, der eine Höhe von 15 Metern erreichen kann.
- Das Wort »Avocado« entstammt der aztekischen Sprache Nahuatl und ist eine Abwandlung des Wortes *ahuacatl,* das »Hoden« bedeutet. Im Spanischen ist diese Verbindung noch zu erkennen, die Avocado heißt *aguacate.* Butterfrucht ist eine andere Bezeichnung für die Avocado. Sie erhielt diese Bezeichnung im Deutschen wegen des weichen Fruchtfleisches. Aufgrund ihrer grünen, ledrigen Haut, die an ein Reptil erinnert, wurde die Avocado früher auch Alligatorbirne genannt.
- Avocados sind reif und genießbar, wenn die Schale ihren Glanz verliert. Harte Avocados reifen schneller, wenn man sie zusammen mit Äpfeln lagert.
- Neben dem Handel mit Rauschgift stellt der Anbau und Verkauf von Avocados eine zweite sprudelnde Einkommensquelle für das mexikanische Drogenkartell »Los Caballeros Templarios« dar: Jedes Jahr erwirtschaften sie etwa 150 Millionen US-Dollar.
- **Orangen** sind keine großen Mandarinen: Sie entstanden aus der Kreuzung von Mandarinen und Pampelmusen.

- Die größten Produzenten von Orangen sind übrigens keinesfalls Spanien, Italien oder Portugal. Auf Platz 1 mit 17 Millionen Tonnen im Jahr liegt Brasilien. Weit abgeschlagen dahinter folgen China mit 9 Millionen Tonnen und Indien mit 8 Millionen Tonnen.
- **Pampelmusen** sind die größten bekannten Zitrusfrüchte. Bei einigen Sorten kann die Frucht bis zu 30 Zentimeter im Durchmesser haben und ein Gewicht von über 2 Kilogramm auf die Waage bringen.

ÖLE UND FETTE

Fett im Essen ist für den Körper unverzichtbar. Er benötigt Fett zum Beispiel, um die fettlöslichen Vitamine A, D, E und K zu speichern. Fehlt ausreichend Fett in der Nahrung, kann es zu Mangelerscheinungen kommen. Besonders wichtig sind dem Körper die ungesättigten Fettsäuren.

- Ein hoher Prozentanteil des verkauften nativen Olivenöls ist mit minderwertigen Sorten gepanscht. Soja- und Sonnenblumenöl wird mit Chlorophyll und Betacarotin versetzt, um es wie natives Olivenöl aussehen zu lassen.
- Eine Flasche erstklassiges kalt gepresstes Olivenöl muss zwischen 13 und 15 Euro kosten. Sonderangebote enthalten zweifelhafte Mischungen.
- Margarine ist nicht gesünder als Butter. Sicher ist aber, dass günstige Margarine nicht die erste Wahl sein sollte. Sie enthält

häufig ungesunde Transfette und Lösungsmittelbestandteile aus dem Herstellungsprozess, deren Entfernung in der Produktion sehr teuer wäre.

PASTA LA VISTA, BABY!

Nudeln sind ein globalisiertes Lebensmittel. Ob al dente oder weich: Nudeln bilden in vielen Regionen das Rückgrat der menschlichen Ernährung – und das nicht erst seit gestern.

Die vermutlich älteste Nudel der Welt

Es war aller Wahrscheinlichkeit nach eine Naturkatastrophe, die dafür sorgte, dass die ältesten je entdeckten Nudeln der Welt bis in unsere Zeit erhalten blieben. Ein Erdbeben und eine nachfolgende Flutwelle überraschten die Menschen bei einer Mahlzeit. Es waren etwa 50 Zentimeter lange Hirsenudeln, die in der Nähe des Gelben Flusses im Norden Chinas volle 4000 Jahre in einer Schale im Erdboden überdauerten.

Nudelwissen

- Der 25. Oktober ist seit 1995 der Weltnudeltag.
- Rund 8 Kilogramm Nudeln pro Jahr konsumiert der Durchschnittsdeutsche. Etwa einmal in der Woche steht damit ein Nudelgericht auf unseren Tischen. In Ungarn kommen nur

6,5 Kilogramm auf den Teller, ganz vorn liegen die Italiener mit 26 Kilogramm pro Kopf und Jahr, gefolgt von Venezuela (13,2 kg), Tunesien (11,9 kg), Griechenland (10,6 kg) und der Schweiz (9,2 kg) – Zahlen, die je nach Jahr und Quelle schwanken. Der Pro-Kopf-Verbrauch in China wird in diesen Nudelcharts leider an keiner Stelle genannt.

- Warum werden Nudeln beim Kochen eigentlich nicht zu Brei? Nudeln bestehen aus Hartweizenmehl, Wasser, Öl und Salz. Beim Kneten des Nudelteigs verkleben die Proteine im Mehl und halten die einmal angenommene Form. Trocknet man die Nudeln, werden sie hart, haltbar und bereit für den Transport zum Beispiel vom Supermarkt in den Haushalt. Beim Kochvorgang saugen sie sich wieder mit Wasser voll und werden weich, bewahren aber wegen ihrer verklebten Proteine die Form.
- Noch eine unentbehrliche Information: Die Nudel aus dem gleichnamigen Loriot-Sketch war gar keine Nudel, sondern ein Papierröllchen.

PILZE, DAS FLEISCH AUS DEN WÄLDERN

Über einen besonders hohen Nährwert verfügen Pilze nicht. Sie sind wasserreich, kalorienarm und führen dem Körper Eiweiß und Mineralien zu. In ihren Zellwänden enthalten sie eine Substanz, die man sonst an ganz anderer Stelle findet: Chitin, bekannt aus den harten Hüllen der Insekten – das hört sich nicht nur schwer verdaulich an, sondern ist für den menschlichen Körper nur als Ballaststoff nützlich.

Pilze selbst sammeln

Wer Pilze sammelt, sollte ein paar wichtige Regeln beachten – besonders dann, wenn er nicht über Expertenwissen verfügt. Damit kein Irrtum entsteht: Wenn Sie diese Zeilen gelesen haben, sind Sie noch lange kein Experte.

- Anfänger sammeln am besten **Schwammpilze**. Unter ihrem Hut sitzt der Schwamm, der aus feinen Röhren besteht und dem sie ihren Namen verdanken, auch das mundartliche Schwammerl. Man könnte sie auch Röhrlinge nennen, und einige davon tragen diese Bezeichnung auch in ihrem Namen. Röhrlingsarten sind recht gut zu erkennen: Alle Pilze mit weißem, gelblichem oder bräunlichem Schwamm sind genießbar. Essbar und oft sehr ähnlich im Aussehen sind Steinpilze, Maronen, Butterpilz und Birkenröhrling und so manch anderer Schwammpilz mit hell- oder dunkelbraunem Hut.
- Die einzige giftige Art ist leicht an ihrem roten Schwamm zu erkennen: der Satanspilz oder Satansröhrling. Kennzeichen: heller Hut, roter Stiel, rötlicher bis roter Schwamm. Wenn man den Pilz verspeist, fängt man sich schwere Magen- und Darmbeschwerden ein. Tödliche Vergiftungen sind aber nicht bekannt.
- Schwammpilze, die blaue bis blauschwarze Schnitt- oder Druckstellen entwickeln, sind nicht etwa giftig, sondern durchaus essbar.
- Gelbliche Schwammpilze mit einem Netzmuster auf dem Stiel sind die Spaßverderber unter den Röhrlingen. Der Gallenröhr-

ling schmeckt – wie der Name vermuten lässt – gallenbitter. Er ist zwar nicht tödlich, aber ein einziger von ihnen kann mühelos ein ganzes wohlschmeckendes Pilzgericht verderben.

- Im Gegensatz dazu machen es Pilze mit Lamellen unter dem Hut – auch **Blätterpilze** genannt – unerfahrenen Pilzsammlern nicht leicht. Oft sehen sich essbare und hochgiftige Arten sehr ähnlich und unterscheiden sich nur in Details, die man leicht übersieht.
- Besonders gefährlich: die Idee, Pilze zu sammeln, die wie Champignons aus dem Supermarkt aussehen. Russisches Roulette könnte ungefährlicher sein. Mit etwas Glück findet ein Anfänger tatsächlich Wiesenchampignons oder Anischampignons – beides essbare Arten. Das optimistische Greenhorn könnte aber auch einen der schlimmsten Giftpilze erwischen, den weißen Knollenblätterpilz – übrigens auch ein Lamellenpilz –, eine ziemlich sichere Fahrkarte ins Jenseits durch eine lebensgefährliche, tückische Vergiftung; es gibt kein Gegengift.
- Bei Zweifeln an der eigenen Pilzkompetenz: Experten vor Ort fragen oder auf zur Pilzberatungsstelle. Nur wer sich komplett sicher ist, sollte seine selbst gesammelten Pilze essen. Von Abenteuern abhalten kann auch die Website www.123pilzsuche.de.

Pilze aus dem Supermarkt

Wenn Sie nicht im Wald oder auf der Wiese, sondern im Supermarkt nach Pilzen suchen, sollten Sie besonders auf die Frische achten – immer wieder berichten kritische Medien über verdorbene Ware.

- **Champignon** – der aus dem Französischen stammende Name bedeutet einfach »Pilz«. Im Supermarkt gibt es den hellen Feldchampignon mit dezentem Pilzgeschmack und den kräftigeren Gartenchampignon. Champignons kann man übrigens auch roh essen.
- **Austernpilz** – ursprünglich stammt der Austernpilz aus Südostasien. Er besitzt ein ausgeprägtes Pilzaroma und kann Gerichte mit Reis, Nudeln und Tofu geschmacklich bereichern.
- Der **Shiitake-Pilz** ist bereits seit über 2000 Jahren Teil der ostasiatischen Küche. Sein festes, lederartiges Fleisch nimmt gern das Aroma anderer Speisen an und rundet es geschmacklich ab.
- **Kräuterseitling**: In der freien Natur wächst der aus dem Mittelmeerraum stammende Pilz in der Nähe von Kräutern, daher der Name. Sein trompetenartig geformter Hut wertet Gerichte auch optisch auf, sein Fleisch ist fest und schmeckt würzig. Im Vergleich zu anderen Pilzen lässt er sich gut für ein paar Tage im Kühlschrank aufbewahren.
- **Pfifferlinge**: Diese auch Schwammerl genannten Pilze schmecken sehr aromatisch – ein bisschen nach Aprikose – und besitzen weiches, angenehm duftendes Pilzfleisch. Da sie selten geworden sind, können sie ziemlich teuer sein.

Ungewöhnliche Pilzarten,die man essen kann …

… aber nicht essen muss. Dennoch sollen sie hier Erwähnung finden, denn mancher hat sie für sich entdeckt und schätzt sie als heimische, aber dennoch exotische Zutat seiner Küche.

- Der bekannte **Mu-Err-Pilz** aus der chinesischen Küche wächst auch in Deutschland – er ist weltweit verbreitet. In unseren Regionen ist er unter dem Namen Judasohr bekannt und wächst an vielen Baumarten, vorzugsweise an Holunderbäumen. Seinen Namen verdankt er der Tatsache, dass Jesus' verräterischer Jünger Judas Iskariot sich an einem Holunderbaum erhängt hat.
- Der **Parasol** oder Riesenschirmling ist ein gut schmeckender, sehr großer Pilz, dessen Hut man wie ein Schnitzel panieren kann. Wenn man ihn selbst sammeln will, muss man allerdings genau wissen, wie er aussieht und dass er rund um den Stiel einen Ring hat, der sich verschieben lässt. Es gibt eine Reihe von Giftpilzen, mit denen man ihn verwechseln könnte, zum Beispiel Ackerschirmpilz, Fuchsbräunlicher Schirmling, Gift-Riesenschirmling, Haselbrauner Schirmling, Jungfernschirmling, Keulenstieliger Garten-Safranschirmling, Rußbrauner Riesenschirmpilz, Safranschirmling, Schlanker Riesenschirmling und Sternschuppiger Riesenschirmpilz. Die meisten von ihnen verursachen schlimme Magen- und Darmbeschwerden, der eine oder andere ist sogar tödlich.
- Der Schopftintling sieht alles andere als appetitlich aus, wenn er etwas älter geworden ist. Der weiße Hut des Pilzes zeigt dann dunkelblaue bis dunkelviolette Verfärbungen. Deshalb sollte er in der Küche schnell verarbeitet werden. Jung gepflückt passt dieser Pilz ausgezeichnet zu Gerichten mit Hühnerfleisch und ist gut bekömmlich – wenn man Alkohol bei der Mahlzeit meidet. Wenn nicht, treten unangenehme Vergiftungserscheinungen auf …

Die Luxusvariante: Trüffel

Trüffel sind aus der Feinschmeckerküche nicht wegzudenken. Hier ein paar Fakten, die man kennen sollte, bevor man die teuren Pilze genießt.

- Der Trüffel gehört zu den Schlauchpilzen und wächst unterirdisch. Die durchschnittlich 5 bis 10 Zentimeter großen Knollen kommen in den Farben Weiß, Braun und Schwarz vor.
- Trüffel wachsen besonders gern an den Wurzeln von Bäumen. Beliebte Trüffelpartner sind Eiche, Haselnuss, Hainbuche und Pappel, aber auch Zitronenbäume.
- Experten unterscheiden 160 unterschiedliche Trüffelarten.
- Trüffel sind selten und erfreuen sich großer Nachfrage. Der chinesische Milliardär Stanley zahlte bei einer Auktion in Italien 158 000 Euro für 1080 Gramm Alba-Trüffel. Eine Gruppe von Hobbyköchen soll auf einer weltweiten Auktion 100 000 Euro für einen 900 Gramm schweren weißen Trüffel gezahlt haben.
- In China werden pro Jahr 7 Millionen Tonnen Trüffel verspeist, weltweit sind es insgesamt 10 Millionen Tonnen.
- Das Trüffelschwein existiert zwar redensartlich, kommt aber in der Praxis der Trüffelsuche nur selten vor. Im Gegensatz zu den Hunden der Trüffelbauern würden Schweine gefundene Trüffel sofort verspeisen.

REIS

Reis in Asien

Reis wird im asiatischen Raum seit über 7000 Jahren angebaut. Dort kennt man über 8000 Reissorten. Weltweit sollen es über 100 000 sein. Reis gilt in China als Essen für arme Leute. Daher wird der Reis in Restaurants immer zum Schluss serviert – so soll der Eindruck vermieden werden, der Gastwirt wolle seine Gäste mit billigem Reis vollstopfen, damit sie nicht zu viel vom teuren Essen verspeisen.

- **Basmatireis** ist ein edler Langkornreis aus Anbaugebieten am Fuße des Himalajas in Indien und Pakistan. Dort gilt er als Festtagsspeise. Der fein duftende Langkornreis hat einen leicht erdigen Eigengeschmack und ein lockeres, aber bissfestes Korn. Basmatireis ist ideal für die Zubereitung von Currys und Reispfannen.
- **Jasminreis**, auch Duftreis genannt, ist eine aromatische Spezialität aus dem Norden Thailands. Schon beim Kochen entwickelt sich sein blumiges Aroma, das an Jasminblüten erinnert. Das gekochte Korn ist leicht klebrig, was dem Essen mit Stäbchen entgegenkommt.
- **Mochireis** aus Japan klebt beim Kochen gut zusammen und hat einen süßlichen Geschmack. Er eignet sich daher für traditionelle Reiskuchen, Süßspeisen und Desserts.
- Als **Sushireis** bezeichnet man eine Reissorte mit klebrig-weichem Rundkorn und etwas süßlichem Eigenaroma. Wie der Name schon sagt, ist dieser Reis perfekt für Sushi geeignet.

- **Sadrireis** ist ein Langkornreis aus dem Iran mit einem blumigen Eigenaroma und einem lockeren, weichen Korn. Er passt perfekt zu Gerichten mit Fisch, Fleisch und Gemüse. Sadri-Dudi-Reis ist eine Variante mit intensivem Räucheraroma.

Reis in Europa und Nordamerika

Reis kennen wir vornehmlich aus Asien. Nicht in Asien beheimatet sind die folgenden Reissorten:

- **Roter Reis** wächst auf tonhaltigen Böden, zum Beispiel in der französischen Camargue oder im italienischen Piemont und der Po-Ebene. Sein eigenartiges Aroma und seine Farbe geben Speisen einen besonderen Charakter, zum Beispiel einem Reissalat.
- **Schwarzer Reis** ist nicht etwa gefärbt; die natürliche Pigmentierung seiner Hüllschichten gibt dem Korn seine Farbe, die verloren ginge, würde man es schälen – das ist auch der Grund dafür, dass schwarzer Reis immer ein Vollkornreis ist. Er schmeckt leicht nussig und süßlich.
- **Wildreis** ist im eigentlichen Sinne kein Reis, sondern ein Wassergras. Ursprünglich stammt er aus den Uferregionen kanadischer Seen und Flüsse. Nach der Ernte wird Wildreis auf einer Darre getrocknet und erhält dabei sowohl seine braunschwarze Farbe als auch den pikant-nussigen Geschmack. Da jedes Jahr nur geringe Mengen geerntet werden, ist Wildreis sehr teuer.
- **Milchreis** ist eine Mittelkornsorte aus Italien. Sein cremiges und zugleich bissfestes Korn nimmt beim Kochen die Milch auf und sein süßliches Eigenaroma macht den Milchreis rund und lecker.

- Die drei italienischen Reissorten **Vialone Nano** aus der Poebene sowie **Arborio** und **Carnaroli** aus dem italienischen Piemont werden hauptsächlich für Risotto verwendet.
- Die spanische Reissorte Bomba, ein Rundkornreis aus der Region Valencia, wird gern für Paella genommen.

SALAT

Da haben wir den Salat! Natürlich, gesund, reich an Vitaminen und Mineralstoffen und kalorienarm, sagen die einen. Viel Wasser, Nitrate aus dem Dünger und Nährwert so gut wie null, meinen die anderen. Liegt die Wahrheit in der Mitte?

- Ein Salat hat nicht immer weniger Kalorien als ein Burger. Zumindest nicht bei McDonald's. Ein Cheeseburger hat dort sogar 17 Kalorien weniger als der Crispy Chicken Caesar Salad.
- **Grüner Salat** besteht zu 95 Prozent aus Wasser. Gurken bringen es sogar auf 96 Prozent.
- Salat soll die Verdauung anregen, da er reich an Ballaststoffen ist. Die Vitamine und Mineralstoffe darin stärken Herz und Nerven.
- Das im Salat enthaltene Chlorophyll soll die Sauerstoffversorgung des Gehirns unterstützen und so die Denk- und Konzentrationsfähigkeit steigern.
- **Roter Salat** liefert Carotin, Folsäure und Bitterstoffe, die gegen das Altern wirken und den Körper entgiften sollen.
- **Feldsalat** ist der Beste: Kein anderer Salat enthält so viele Mineralstoffe, Vitamine und Spurenelemente.

- **Rucola** oder Rauke (so der deutsche Name der Pflanze) schmeckt nussig, regt den Appetit an und fördert die Verdauung. Die Pflanze kann auch gedünstet als Gemüse gegessen werden.

SCHOKOTRÄUME

Süßigkeiten aus Kakao sind Genuss pur, trösten bei Frustration und Liebeskummer und heben die Stimmung mit Theobromin, sorgen aber auch für unerwünschte Rundungen, wenn man zu viel davon isst.

- Das Wort Schokolade leitet sich von den beiden aztekischen Wörtern *xococo,* das »bitter« bedeutet, und *atl,* für »Wasser« ab. Kakao wurde von den Azteken nicht zu Schokolade verarbeitet, sondern mit Wasser zubereitet und getrunken. In der mexikanischen Küche findet Kakao auch in Rezepten für herzhafte Gerichte Anwendung – ein Relikt aus aztekischer Vergangenheit.
- In Peru wird zur Weihnachtszeit traditionell heiße Schokolade getrunken, obwohl Weihnachten dort im Sommer stattfindet.
- Die Maya verwendeten Kakaobohnen als Tauschwährung, und nur Adelige konnten es sich leisten, den aus den Bohnen hergestellten Kakao einfach zu verspeisen. Ein guter Sklave zum Beispiel kostete etwa 100 Kakaobohnen.
- Schokolade enthält mit 6,9 Milligramm pro 100 Gramm fast doppelt so viel Eisen wie Spinat mit 3,5 Milligramm pro 100 Gramm.

- Die in Kakao enthaltenen Polyphenole können helfen, den Blutdruck zu senken. Studien belegen diesen Effekt bereits bei geringem Verzehr von dunkler Schokolade. Weiße Schokolade hat keinen Einfluss auf den Blutdruck. Sie enthält keinen Kakao.
- Um die Kalorienzahl von 100 Gramm Schokolade zu sich zu nehmen, müsste man etwa 9 Kilogramm Papaya essen.
- Schweizer sind wild auf Schokolade, sie verspeisen durchschnittlich 9 Kilogramm pro Jahr. Der durchschnittliche Chinese hingegen isst nur etwa 200 Gramm Schokolade pro Jahr. Zucker und Süßigkeiten spielen in der chinesischen Küche eine untergeordnete Rolle. Süße Desserts sind selten.
- M&Ms, die farbigen Schokolinsen, sind eine Erfindung des amerikanischen Unternehmers Forrest Mars. Im spanischen Bürgerkrieg beobachtete er, wie die Soldaten mit Zucker glasierte Schokolade aßen, damit diese in der Hitze nicht in der Hand schmolz. 1941 begann er mit der Produktion der ersten M&Ms, die anfangs ausschließlich braun gefärbt waren.

VEGAN? VEGETARISCH?

In Deutschland sagen etwa 9,3 Millionen Menschen von sich, dass sie sich fleischlos ernähren, darunter sind geschätzte acht Millionen Vegetarier und etwa 1,3 Millionen Veganer.

- Etwa 42 Millionen Menschen in Deutschland sind Teilzeitvegetarier. Sie ernähren sich überwiegend pflanzlich, wollen aber gelegentlich auch Fisch oder Fleisch auf dem Speisezettel haben.

- Die Gesamtzahl der Vegetarier und Veganer weltweit wird auf etwa eine Milliarde geschätzt.
- Im Jahr 2016 konnte man in Deutschland in 616 rein vegetarischen Restaurants essen, meist in den großen und mittelgroßen Städten. Im Jahr 2013 waren erst 214 vegetarische Restaurants verfügbar. Inzwischen gibt es in Deutschland sogar schon über 1000 und 250 rein vegane Gastronomiebetriebe.
- Vegetarismus ist keine moderne Erfindung. Zwar nimmt der Anteil der Vegetarier in Deutschland immer weiter zu, allerdings verzichteten bereits berühmte Persönlichkeiten wie Leonardo da Vinci (1452–1519) aus ethischen Gründen auf Fleisch. Da Vinci war ein großer Tierfreund. Zum Beispiel kaufte er gefangene Vögel nur, um ihren Käfig zu öffnen und sie freizulassen. Er fand es auch nicht angemessen, Schlachttiere zu halten – ein höchst ungewöhnlicher Standpunkt zu seiner Zeit.
- Im Jahr 1892 wurde in Leipzig der Vegetarierbund Deutschland e. V. gegründet.

ZUCKER

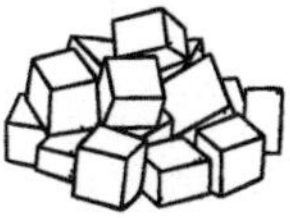

Dick macht er uns, krank und süchtig – das alles wird dem Zucker vorgeworfen. Warum ist er eigentlich nicht längst verboten? Vielleicht, weil er uns einfach viel zu gut schmeckt?

- Der **braune Zucker**, den man bei uns in den Supermarktregalen findet, ist meistens nur eingefärbter weißer Zucker.
- **Nuss-Nougat-Creme** enthält rund 113 Zuckerwürfel pro

450-Gramm-Glas. Ganz schön viel, denken Sie? Marmelade enthält sogar 139 Zuckerwürfel pro Glas.

- Jeder Deutsche verzehrt pro Jahr im Schnitt 1,4 Kilogramm **Honig**. In derselben Zeit verzehrt er ebenfalls rund 42 Kilogramm Zucker.
- **Smoothies** aus dem Supermarkt können bis zu 13 Gramm Zucker pro 100 Milliliter enthalten. Bei Cola sind es nur 10,6 Gramm.

HALTBARKEIT – DIE »EWIGEN« LEBENSMITTEL

Die Vorratshaltung war in der menschlichen Geschichte schon immer ein Problem. Manche Dinge konnte man kaum schnell genug essen, bevor sie verdarben. Mit der Zeit aber stellten sich einige Nahrungsmittel als weitaus besser lagerfähig heraus als andere.

- **Honig** verdirbt nicht – nie. Zwar trocknet er nach einiger Zeit aus und bildet Zuckerkristalle, doch wird er mit etwas Wasser erwärmt, ist er wieder genießbar. Wer Experten glauben will und sich nicht gruselt, könnte sogar Honig aus den Ruinen des alten Ägyptens essen, der mehrere Jahrtausende alt ist. Das älteste gefundene Glas mit essbarem Honig war 3000 Jahre alt.
- **Weißer Reis** kann, wenn er richtig gelagert wird, auch nach langer Zeit bedenkenlos gegessen werden. Wichtig ist, dass er in einem geschlossenen Behälter an einem kühlen, möglichst dunklen Ort aufbewahrt wird. Brauner Reis bleibt dagegen nur einige Monate haltbar; das in seinen Körnern enthaltene Öl wird ranzig.

- **Weißer Essig** – meist als Essigessenz angeboten – schmeckt auch nach mehreren Jahren noch wie frisch. Andere Essigsorten wie etwa Balsamico, Rotweinessig, Reisessig Apfelessig und Weißweinessig sind genauso haltbar, jedoch verlieren sie nach zwei bis drei Jahren ihren Wohlgeschmack.
- Thailändische **Sriracha-Soße** und die meisten anderen wirklich scharfen Soßen bleiben bis zu fünf Jahre nutzbar, ihre extreme Schärfe wirkt konservierend.
- **Sambal Oelek** und andere Würzpasten können im Kühlschrank mühelos sechs Monate überdauern. Auch ohne Kühlung halten sie sehr lange, wenn sie dunkel, kühl und gut verschlossen gelagert werden.
- **Kapern** und sauer eingelegte Lebensmittel wie Gurken halten im Kühlschrank auch noch ein volles Jahr, wenn ihr Glas geöffnet wurde.
- **Fischsoße** wird aus fermentiertem gepökeltem Fisch gewonnen. Durch den Vorgang der Fermentierung wird der pH-Wert der Flüssigkeit so verändert, dass sie keinen Nährboden für Bakterien mehr darstellt und zwei bis drei Jahre haltbar bleibt – sogar ohne Kühlung.
- Dasselbe gilt für **Sojasoße** mit dem Unterschied, dass sie aus fermentierten Sojabohnen hergestellt wird. Haltbarkeit: zwei Jahre, aber im Kühlschrank.
- **Miso-Paste**, ebenfalls ein Nahrungsmittel aus fermentierten Sojabohnen, ist gut verschlossen im Kühlschrank bis zu 18 Monate haltbar.
- **Traubenkernöl** und **Sesamöl** gehören nach dem Öffnen in den

Kühlschrank und halten dann ungefähr ein Jahr. Nussöle, hergestellt zum Beispiel aus Walnüssen, Haselnüssen, Mandeln, Pinien oder Pistazien, sind empfindlicher; sie sollten im Kühlschrank aufbewahrt und spätestens nach sechs bis acht Monaten aufgebraucht werden.

- **Olivenöl** bleibt, kühl und dunkel gelagert, auch geöffnet bis zu zwei Jahre genießbar.

AUCH WASSER HAT SEINEN PREIS

Trinkwasser aus der Leitung gilt in unseren Breiten meist als preiswert und gesund. Jedoch lässt sich inzwischen nicht nur Mikroplastik in unserem Trinkwasserkreislauf nachweisen. Auch das weibliche Hormon Östrogen ist seit Einführung der Pille 1961 in unserem Leitungswasser zu finden. Bei männlichen Fischen ließ sich bereits eine Veränderung ihres Hormonhaushalts messen. Es wäre also an der Zeit, etwas für sauberes Wasser zu unternehmen. Ob verunreinigt oder sauber, ein Manko bleibt: Das simple Wasser aus der Leitung löscht eine Form von Durst nicht – den nach Luxus.

- Tafelwasser der **Marke Thousand BC** wird aus dem Schmelzwasser eines Gletschers in Kanada gewonnen, der 2000 Meter über dem Toba-Inlet, einem Fjord in British Columbia, liegt. Das Wasser soll mehrere Tausend Jahre unberührt als Eis geruht haben. Der Literpreis liegt bei etwa 25 Euro.
- **King Island Cloud Juice** ist nichts weiter als Regenwasser von

King Island, einer kleinen Insel vor der australischen Küste. Es soll von besonderer Reinheit sein. Sein Preis liegt ebenfalls bei 25 Euro pro Liter.

- **Bling H2O** ist ein Tafelwasser aus Tennessee/USA. Die Milchglasflaschen sind mit Swarovski-Steinen verziert und werden gern von Prominenten gekauft. Jamie Foxx, Ray Lewis, Gabrielle Union, Paris Hilton und Hollywood-Produzent Kevin Boyd stehen drauf. Wer dazugehören will, zahlt ungefähr 65 Euro pro Liter.
- Japans Bürger werden im Vergleich zu den Menschen in anderen Ländern relativ alt, die Japaner im Rokko-Gebirge werden noch älter – es gibt viele Hundertjährige in der Gegend. Den angeblichen Grund dafür kann man in Flaschen kaufen: **Rokko No Mizu** für 124 Euro pro Liter. Vor Ort – im Rokko-Gebirge – kostet der Liter des Quellwassers weniger als 1 Euro. Wen der hohe Preis nicht abschreckt, der kann Rokko No Mizu im »Hotel Adlon« in Berlin probieren.
- Für Feinschmecker mit dem Wunsch nach exklusivem Wasser könnten die folgenden Markenprodukte noch eine Rolle spielen: **Tributo** aus Modigliani, **Püro, OGO, Cape Grim, Veen, Lauquen, Cape Karoo, Fiji Water, GIZE, 420 Below, Supernariwa** oder **Fillico.**
- Teures Wasser ist nicht unbedingt gesünder und muss auch nicht besser schmecken als günstiges Wasser. Entscheidend für die Qualität sind Kohlensäure- und Mineraliengehalt.

PIMP YOUR MEAL! GEWÜRZE & CO.

Das Streben nach Verfeinerung und das Bedürfnis, dem alltäglichen Geschmack zu entkommen, bringt Menschen überall auf der Welt dazu, ihre Rezepturen mit Würzmitteln aufzuwerten, um aus jedem Lebensmittel und jeder Zutat das Maximum an Genuss herauszukitzeln …

SALZ

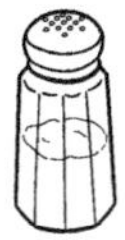

Es kommt aus dem Gestein, wird ins Meer gespült, ist Bestandteil unserer Körperchemie und macht unsere Speisen schmackhaft.

- Salz macht nicht krank. Tatsächlich konnte ein Zusammenhang zwischen Bluthochdruck und erhöhtem Salzverzehr nicht wissenschaftlich belegt werden. Salz spielt im menschlichen Organismus sogar eine lebenswichtige Rolle. Eine Reduktion des Salzverzehrs gesunder Menschen brachte keine erkennbaren gesundheitlichen Vorteile.
- Viele Menschen schränken den Verzehr von Salz trotzdem bewusst ein, da zu viel Salz das Schlaganfallrisiko erhöhen kann. Ein Mangel an Salz kann jedoch zu Libidoverlust und Erektionsstörungen führen. Salz ist im Gehirn für die Ausschüttung von Dopamin verantwortlich. Dopamin wiederum bestimmt, ob wir jemanden sexuell anziehend finden.
- In Deutschland wird mehr Salz für das Streuen der Straßen als für Nahrungsmittel benötigt. Der überwiegende Teil der Salzproduktion wird in der Industrie verwendet, etwa zur Stoffumwandlung bei der Herstellung von Chlor und Natronlauge.

GEWÜRZE UND KRÄUTER

- Weil man früher nicht zwischen Gewürz- und Arzneipflanzen unterschied, wurden Gewürze über Jahrhunderte hinweg in den Apotheken verkauft. Es ist also nicht verwunderlich, dass das lateinische Wort *apotheca* mit »Kräuterkammer« übersetzt wird.
- Vielfach kamen die Gewürze auch zu den Kunden – sie wurden von reisenden Gewürzkrämern direkt ins Haus geliefert. In manchen Fällen wäre das nicht nötig gewesen, weil viele der Gewürzkräuter früher und auch heute noch direkt hinterm Haus wachsen.
- Das beliebteste Gewürz in der deutschen Küche nach dem Salz ist heute der schwarze Pfeffer, der seinen Platz vor Chili und Curry behauptet.
- Gewürze und Kräuter sind am besten in Glasgefäßen untergebracht. Darin erhalten sie am besten ihr Aroma. In Papiertüten oder Plastikgefäßen werden sie nur aus Kostengründen verkauft.

Anis

Die tropfenförmigen Körner der Anispflanze besitzen ein mildes, süßliches Aroma mit holzigen und pfeffrigen Geschmackskomponenten. In der Bäckerei geben sie Aachener Printen oder Nürnberger Lebkuchen ihren unverwechselbaren Charakter. Anis und Alkohol gehen im griechischen Nationalgetränk Ouzo, aber auch im türkischen Raki und im französischen Pernod eine intensive Verbindung ein.

Bärlauch

Das Wildkraut Bärlauch sprießt als eine der ersten Pflanzen im Jahreskreislauf, was für die Herkunft des Namens eine Rolle spielt: In früheren Zeiten glaubte man, die Pflanze würde Bären nach dem Winterschlaf als erste Nahrung dienen – eine schöne Geschichte, mit der irgendein Kräuterkundiger der Allgemeinheit einen Bären aufgebunden hat. In der Kräuterkunde war Bärlauch bis ins 16. Jahrhundert als Heilpflanze in Gebrauch, geriet dann aber in Vergessenheit. Die heimische Küche entdeckte das Kraut mit dem feinen Knoblaucharoma in den 1970er- und 1980er-Jahren wieder – seine Beliebtheit steigerte sich im Laufe der letzten Jahrzehnte, der Bärlauch-Hype hat seinen Höhepunkt noch nicht erreicht.

Basilikum

Es ist schon vom Namen her ein Königskraut – das altgriechische Wort *basileus* bedeutet übersetzt nichts anderes als »König« und wurde als Titel von Herrschern des griechischen und byzantinischen Reiches getragen. Das aromatische Kraut ist seit alters ein Heilmittel für unterschiedliche Beschwerden, aber auch eine wichtige Zutat der mediterranen Küche.

Beifuß

Beifuß war in der Vergangenheit ein häufig verwendetes Gewürzkraut. Es schmeckt leicht bitter und würzig und passt frisch oder getrocknet zu allen Fleischgerichten, speziell zu solchen mit etwas höherem Fettgehalt, wobei es die Verdauung unterstützt. Praktischerweise wächst die mit Estragon und Wermut verwandte Pflanze nahezu überall an Wiesen- und Wegrändern, wird allerdings nur von Kennern entdeckt und geschätzt.

Bohnenkraut

Bohnenkraut kam mit den römischen Feldzügen über die Alpen und als Gewürz in Gebrauch; es passt, wie der Name schon sagt, perfekt zu Bohnengerichten oder auch anderen Hülsenfrüchten, deren Geschmack es eindrucksvoll unterstreicht und deren durchschlagende Wirkung es ein wenig dämpft.

Cayennepfeffer

Das Gewürzpulver wird aus Chilischoten hergestellt und verleiht vielen Gerichten eine ordentliche Schärfe. Gern wird es für maskuline Härtetests verwendet: Scharf? Das ist doch nicht scharf … (ächz!). Die Pulverform bietet den Vorteil einer besseren, auch familienkompatiblen Dosierung im Vergleich zu frischen Schoten, bei denen man nie so ganz genau weiß, wie scharf sie wirklich sind.

Curry

Die Gewürzmischung, die gemeinhin der indischen Küche zugeordnet wird, besteht – in unterschiedlichen Mengenverhältnissen und Rezepturen – aus Zutaten wie Chili, Pfeffer, Kurkuma, Ingwer, Koriander, Kreuzkümmel, Kardamom, Muskat und Nelke. Es gibt milde, aber auch recht scharfe Varianten. In der indischen Küche ist unser Currypulver als Gewürz übrigens unbekannt, das Wort »Curry« bezeichnet dort eine Zubereitungsform wie etwa das deutsche Wort »Gulasch« oder »Auflauf«. Gewürzt wird mit individuellen Zusammenstellungen der auch im Currypulver enthaltenen Gewürze oder mit einer Mischung namens Garam Masala.

Dill

Das feinblättrige Doldengewächs kommt aus dem östlichen Mittelmeerraum, wird auch Gurkenkraut genannt und ist eine typische Zutat in Gurkensalat und Sauerkonserven, aber auch Soßen speziell für Fischgerichte.

Estragon

Seit dem Mittelalter ist Estragon auch als Drachenkraut bekannt, abgeleitet vom lateinischen *dracunculus* (»kleiner Drachen«). Die Form der Blätter erinnert an einen Drachenschwanz, ein Vergleich, der angesichts des heutigen Drachenmangels nicht gerade auf der Hand liegt. Das mit dem Wermut verwandte, sehr vielseitige Kraut wird in Gewürzmischungen für Senf, zum Würzen von Essig und eingelegten Gurken, für Geflügel, Reisgerichte und Kochfisch verwendet. Es ist Bestandteil von Kräuterquark und Kräuterbutter. In der französischen Küche ist es eine unentbehrliche Zutat der Sauce béarnaise.

Gewürznelken

Die getrockneten Knospen würzen eine Vielzahl von Fleisch- und Wildgerichten, machen aber auch Rotkohl und Geflügel schmackhafter und leichter verdaulich. Ärgerlich ist nur, dass sie als kleine, harte Überreste in der Speise bleiben, auf die man dann überraschend beißt, was nicht nur geschmackliche Konsequenzen haben, sondern auch dem Gebiss schaden kann.

Ingwer

Ingwer ist ein universelles Gewürz und passt zu Fleisch, Fisch und Meeresfrüchten, gibt aber auch Süßspeisen eine besondere Note. Außerdem wird ihm eine Vielzahl von gesundheitsfördernden Wirkungen zugeschrieben.

Kardamom

Das Gewürz ist mit dem Ingwer verwandt, an den es auch geschmacklich erinnert. Hinzu kommt eine Note von Zitrone. Das süßlich-scharfe Aroma passt gut zu Weihnachtsgebäck, aber auch zu herzhaften wie süßen Speisen. Auch Kardamom hat heilende Qualitäten und soll zum Beispiel bei gestresstem Magen Wunder wirken.

Kerbel

Das süßlich-scharfe Kraut würzt Fleisch, Suppen und Gemüse und kann frisch oder getrocknet verwendet werden. Im Garten angepflanzt, vertreibt die Pflanze Schnecken, die den Kerbel offenbar fürchten wie der Teufel das Weihwasser. Apropos christlich: Kerbelsuppe ist ein traditionelles Gericht für den Gründonnerstag.

Knoblauch

Knoblauch gehört zu den ältesten Kulturpflanzen. Manche Wissenschaftler vermuten, dass Knoblauch bereits 4000 vor Christus angebaut und gegessen wurde.

- Weltweit gibt es über 300 verschiedene Knoblauchsorten!
- Eine Knoblauchzehe enthält 4 Kalorien – sehr wenig für sehr viel Aroma.
- Weltweit werden mehr als 13 Millionen Tonnen Knoblauch pro Jahr produziert. 66 Prozent des Knoblauchs auf dem Weltmarkt werden in China angebaut.
- Im alten Rom traten die Bräute mit einem ganz besonderen Brautstrauß vor den Altar. Er bestand aus kräftig duftenden Kräutern und Knoblauchknollen. Die geballten Aromen sollten böse Geister vertreiben und das Brautpaar vor Angriffen durch das Böse schützen. Einige zusätzliche Getreidehalme im Strauß wurden hinzugefügt, um die Fruchtbarkeit des Paares zu erhöhen.
- Dem Knoblauch werden große Heilkräfte und Wirkungen gegen viele Krankheiten nachgesagt. Bei Erkältungen, Herz-Kreislauf-

Erkrankungen oder Hautproblemen wie Akne kommt Knoblauch als Hausmittel zum Einsatz. Außerdem soll er das Immunsystem stärken.

- Anders als früher angenommen senkt der Verzehr von Knoblauch den Cholesterinspiegel im Körper nicht. Knoblauch ist zwar gesund, auf den Cholesterinspiegel hat er aber keinen Einfluss. Allerdings ist Knoblauch ein natürlicher Blutverdünner und Blutdrucksenker. Außerdem ist er ein gutes Mittel gegen Fußpilz. Der im Knoblauch enthaltene Wirkstoff Allicin hat antibakterielle, antimykotische und desinfizierende Eigenschaften und kann daher helfen, die lästige Pilzinfektion an den Füßen zu bekämpfen. In diesem Fall wird der Knoblauch allerdings äußerlich angewendet.
- Ganz spezieller Geschmack: Wenn man seine Füße mit Knoblauch einreibt, hat man nach etwa einer Stunde den Geschmack im Mund. Das Allicin des Knoblauchs, welches für den typischen Geruch verantwortlich ist, zieht durch die Haut ein und gelangt ins Blut. Von da an ist es nur noch eine Frage der Zeit, bis der Geschmack in Nase und Mund ankommt.
- Mit dem Verzehr von Knoblauch werden gewisse Gerüche verbunden. Dem trägt der Gesetzgeber in Gary, Indiana/USA Rechnung: Man muss nach dem Essen von Knoblauch vier Stunden warten, bevor man ein Theater, Kino oder öffentliches Verkehrsmittel betreten darf.
- Die Stadt Chicago verdankt ihren Namen dem Wilden Knoblauch, denn *chicagaoua* ist die indianische Bezeichnung für genau diese Pflanze.

- Natürlich gibt es in den USA auch einen Tag des Knoblauchs – der 19. April ist der National Garlic Day.
- Es gibt einen Knoblauch-Weltrekord, den 2020 ein Nepalese aufstellte: 34 Zehen verspeiste er in einer Minute.

Koriander

Das Gewürz hat ein kräftiges, moschusartiges Aroma mit einer Komponente von Zitrone. Das Gewürz wird in vielen Fleisch- und Gemüsegerichten Südostasiens und in der arabischen Küche verwendet, die hellen Koriandersamen und das grüne Kraut unterscheiden sich deutlich im Aroma.

Kreuzkümmel

Kreuzkümmel und der in der bayerischen Küche verwendete Echte Kümmel gehören zwar zur selben Pflanzenfamilie der Doldenblütler, unterscheiden sich aber stark im Geschmack. Echter Kümmel ist Bestandteil vieler Gerichte der europäischen Küche(n), Indiens Küche wäre ohne Kreuzkümmel nicht, was sie ist. Das Gewürz mit dem unverwechselbaren Aroma findet aber auch im Nahen Osten, in Brasilien und Mexiko Verwendung in zahlreichen Gerichten und ist wichtiger Bestandteil von fertigen Gewürzmischungen für Chili con Carne.

Kurkuma

Dieses Gewürz wird auch Indischer Safran oder Gelbwurz genannt. Es rundet nicht nur asiatische Gerichte mit seinem würzigen, leicht bitteren, aber dennoch milden Aroma ab und verleiht den Speisen eine appetitliche gelbe Farbe. Begeisterten Zuspruch findet es auch, weil Kurkuma stark basisch ist und daher als entsäuernd und entgiftend gilt. Vielfach wird es als Wundermittel gegen Krebs, Arthrose und Migräne angepriesen.

Liebstöckel

Wer zum ersten Mal in einem Kräuterbeet auf Liebstöckel trifft, ist verblüfft und verwundert: Warum riecht es denn hier nach Maggi? Die frischen Blätter duften tatsächlich wie das Flüssiggewürz aus der Flasche, weshalb Liebstöckel auch Maggi-Kraut genannt wird. Er vervollständigt mit seinem leicht scharfen Aroma den Geschmack von Suppen, Eierspeisen und Pilzgerichten – nachwürzen aus der Flasche überflüssig!

Majoran

Auch dieses Gewürz ist in der Küche der jüngeren Vergangenheit etwas in Vergessenheit geraten. Dabei schmeckt Majoran an Kartoffeln ebenso einmalig gut wie an Grillfleisch, in Gemüsegerichten und Suppen. Außerdem gedeiht er wunderbar im Kräutergarten oder auch im Topf auf dem Balkon oder der Terrasse.

Muskatnuss

Die Muskatnuss ist die Frucht des in den Tropen gedeihenden Muskatnussbaumes. Auch deren Samenmantel wird als Gewürz genutzt (Macis). Die Anwendungsmöglichkeiten sind vielfältig und reichen von Kartoffelgerichten, Suppen und Eintöpfen über Gebäck bis zu Fleischgerichten. Verschiedene Kohlsorten wie Blumenkohl, Rosenkohl, Kohlrabi und Rotkohl wie auch Erbsen und Karotten schmecken ohne Muskatnuss ein bisschen langweilig.

Oregano

Das auch Wilder Majoran genannte mediterrane Kraut ist neben Basilikum und Thymian eines der wichtigsten Gewürze für Bolognesesoße und auch sonst unverzichtbar in der Mittelmeerküche. Neben seinen geschmacklichen Qualitäten entfaltet das Kraut auch verdauungsfördernde Wirkungen.

Paprika

Das rote Gewürzpulver wird aus getrockneten Paprikafrüchten in Varianten von Paprika edelsüß (mild) bis Rosenpaprika (scharf) hergestellt; darüber hinaus werden auch spezielle Sorten (etwa Rauchpaprika) angeboten. Seine große Zeit hatte Paprika im 20. Jahrhundert, als es in zahllosen Gulaschrezepten eine wichtige Rolle spielte.

Pfeffer

- Aus den Früchten des Pfefferstrauchs *(Piper nigrum)* werden Gewürze in unterschiedlichen Geschmacksrichtungen und Farbvarianten hergestellt. Gemein ist allen eine gewisse Schärfe, die in der Stärke von mild bis atemberaubend reichen kann.
- Grüner Pfeffer wird aus unreif geernteten Früchten hergestellt. Frischer grüner Pfeffer besitzt einen sehr intensiven Geschmack.
- Auch Schwarzer Pfeffer wird aus nicht ganz reifen Früchten gewonnen, erhält seine schwarze Farbe durch das Trocknen.
- Für Weißen Pfeffer werden die reifen roten Pfefferbeeren durch Einweichen von ihrer Schale befreit, getrocknet und in der Sonne gebleicht.
- Roter Pfeffer wird aus vollkommen reifen Pfefferfrüchten samt Schale gewonnen; er gehört zu den selteneren, recht schwer erhältlichen Pfeffersorten, auch weil er relativ leicht verdirbt.
- Der beste Pfeffer der Welt soll von Kletterpflanzen aus der indischen Region Malabar stammen. Er besitzt ein intensives warmes Aroma und eine angenehme Schärfe.
- Kapuzineraffen reiben sich gegenseitig mit den Früchten der Pfeffersorte *Piper marginatum* ein, die nach Lakritz riechen, wie auf der Internetseite des Gewürzherstellers Fuchs nachzulesen ist. Dieser Pfeffer mit dem speziellen Duft wirkt besonders gut Mückenlarven entgegen.
- Rosa Pfeffer hat mit dem Pfefferstrauch botanisch wenig gemeinsam. Die milden, leicht nach Pfeffer schmeckenden Früchte stammen vom bis zu 9 Meter hohen Brasilianischen Pfefferbaum

(Schinus terebinthifolius) oder vom bis zu 15 Meter hohen Peruanischen Pfefferbaum *(Schinus molle)* und ersetzen den echten Roten Pfeffer in bunten Pfeffermischungen. Sie werden auch Rosa Beeren genannt.

Rosmarin

Die feinen nadelförmigen Blätter des Krautes eignen sich, um Fleisch- und Eintopfgerichte, Geflügel und Fisch zu würzen. Ein unschlagbar wohlschmeckender Klassiker sind Rosmarinkartoffeln. Auch Süßspeisen, Schokoladenkuchen oder Gin Tonic gibt Rosmarin einen eigenwilligen Geschmack.

Safran

- Safran ist mit einem Kilopreis von bis zu 14 000 Euro das teuerste Gewürz der Welt.
- Safran wird aus den Blüten der Krokusart *Crocus sativus* gewonnen. Safran-Krokusse werden vor allem im Iran (90 Prozent), aber auch in Spanien auf riesigen Feldern angebaut.
- Für ein einziges Kilo Safran werden bis zu 250 000 Krokusblüten benötigt, so viel wie etwa auf 1000 Quadratmeter Anbaufläche wachsen. Spanien produziert in einem Jahr nur 1500 Kilogramm Safran.
- Die Pflanzen blühen nur an zwei Tagen im Jahr. Die Krokusblüten müssen innerhalb von zwei Wochen im Oktober oder November in Handarbeit gepflückt werden. Um eine Verschlechterung der

Qualität durch zu starke Sonneneinstrahlung zu verhindern, werden die Blüten am ersten Morgen ihrer Blütezeit gepflückt.

- Häufig wird gefälschter Safran aus Chilifäden, getrockneten Blättern der Färberdistel, Saforblüten (Bastardsafran), Blütenblättern der Ringelblume oder Sandelholzfasern angeboten.
- Safran gilt seit Tausenden von Jahren als Heilmittel und in geringer Menge als sehr gesund. Früher wurde es sogar als »Lebenselixier« vermarktet.
- Safran ist aber auch als »der fröhliche lachende Tod« bekannt. Ab einer Menge von 5 Gramm treten Symptome wie Schwindel, Herzklopfen und ein starker Lachreiz auf. Wird die Dosis weiter erhöht, führt Safran zu einer Lähmung des Nervensystems mit Todesfolge.

Salbei

Die sehr aromatischen Blätter geben Fleischgerichten eine besondere Note, zum Beispiel dem italienischen Kalbsschnitzel Saltimbocca alla romana. Salbei wirkt zudem verdauungsfördernd. Der antibakteriell wirksame Salbeitee leistet gute Dienste bei Halsentzündungen und Erkältungskrankheiten.

Schnittlauch

Schnittlauch, ob frisch oder getrocknet, ist überall in der Küche zu finden. Ob Quarkzubereitungen und belegte Brote, Suppen, Eierspeisen oder Fisch – Schnittlauch passt immer.

Geadelt wird Schnittlauch durch die Zugehörigkeit zu den sieben Kräutern der Frankfurter Grünen Soße. Neben Schnittlauch gehören Pimpinelle, Petersilie, Kresse, Borretsch, Kerbel und Sauerampfer dazu.

Thymian

Das vielseitige Gewürzkraut mit dem unverkennbaren Geschmack würzt – meist gemeinsam mit Oregano und Basilikum – eine Vielzahl von mediterranen Speisen und ist zum Beispiel in vielen Fleisch- und Nudelgerichten sowie auf Pizza unentbehrlich. Als Heilkraut wirkt Thymian mit seinen entzündungshemmenden und antibakteriellen Eigenschaften hervorragend gegen Erkältungskrankheiten, insbesondere gegen Husten, und lindert Magenbeschwerden.

Zimt

Diese köstliche Zutat besteht aus der getrockneten Rinde eines Zimtbaumes – es gibt verschiedene Arten, zum Beispiel den Ceylon-Zimtbaum. In der europäischen Küche meist nur für Süßspeisen verwendet, spielt Zimt in der asiatischen Küche auch bei der Zubereitung von herzhaften Gemüse- und Fleischgerichten eine Rolle.

Zitronengras

Zitronengras ist in Vietnam, Thailand oder Indonesien Bestandteil der Alltagsküche, gewinnt aber auch in Europa zunehmend an Nachfrage: Es gehört wie der Weizen und der Reis zu den Süßgräsern; die frischen grünen Pflanzenteile erinnern im Geschmack an Zitrone und Rose. Zitronengras verfeinert vor allem asiatische Fleischgerichte.

Zitronenmelisse

Bienen lieben die Zitronenmelisse, eine Pflanze, die ursprünglich aus dem öffentlichen Mittelmeerraum kommt und bei uns als Gewürz- oder Arzneipflanze genutzt wird. Frische Zitronenmelisseblätter aromatisieren kalte Getränke und würzen Salate und Soßen. Als frisch aufgegossener Tee wirken ihre Bestandteile entspannend und beruhigend.

SCHÄRFE – MILD BIS HÖLLE!

Scharf ist eigentlich gar kein Geschmack, sondern eine Schmerzempfindung. Ausgelöst wird sie durch die geschmacklose Substanz Capsaicin, die von Pflanzen gebildet wird, um sich gegen Fressfeinde zu wehren.

Die vier grundlegenden Geschmacksrichtungen sind süß, sauer, salzig und bitter. Als fünfte kommt noch Umami hinzu, die fleischigen, würzigen oder einfach wohlschmeckenden Speisen zugeordnet wird.

Die Schärfe messen

Der amerikanische Pharmakologe Wilbur Lincoln Scoville (1865–1942) hat 1912 eine Messskala für die Schärfe von Chilischoten entwickelt, gewöhnlich Scoville-Skala genannt. Je nach Gehalt an Capsaicin ordnen sich die unterschiedlichen Sorten in die Tabelle ein:

0	keine Schärfe, ohne Capsaicin
10	Gemüsepaprika
100–500	Peperoni, Santa-Fe-Grande-Chili
500–1000	New-Mexican-Chili
1000–2500	Sambal, Tabascosoße
2500–5000	Jalapeño-Chili, Guajila-Chili
5000–10 000	Chipotle-Chili, Hot-Wax-Chili
10 000–30 000	Rocoto-Manzano-Chili
30 000–50 000	reiner Cayennepfeffer
50 000–100 000	Thai-Chili, Piri-Piri
100 000–200 000	Jamaican-Hot-Chili
100 000–350 000	Habaneros und frei verkäufliches Pfefferspray
500 000–9 000 000	diverse extrem scharfe Chilisorten
16 000 000	reines Capsaicin-Pulver

Ziemlich scharf: Wasabi

- Wasabi (*Eutrema japonicum*, japanisch ワサビ oder 山葵), auch Japanischer Meerrettich oder Wassermeerrettich genannt, ist eine Pflanzenart aus der Familie der Kreuzblütengewächse *(Brassicaceae)*, zu der auch Kohl, Raps, Rettich, Meerrettich und Senf gehören. Die unterirdischen Sprossen dieser Pflanze werden in der japanischen Küche als scharfes Gewürz verwendet. Wasabi kommt sowohl in Japan wild in sumpfigem Gelände am Rand von Flüssen vor, wird aber auch vielerorts als Kulturpflanze angebaut, vor allem in Taiwan, Korea, Israel, Thailand und Neuseeland.
- Die Schärfe des Wasabi entsteht nicht durch die Wirkung von Capsaicin, wie es bei Chilischoten der Fall ist, sondern durch Senföle. Senföle verflüchtigen sich leicht, weshalb das scharfe Gefühl in Rachen und Nase auch nur vergleichsweise kurz anhält.
- Original Wasabi ist sehr teuer. Ganze Pflanzen bringen es auf einen Preis von über 200 Euro pro Kilogramm.
- Seiyō Wasabi ist eine bei uns auch unter dem Namen »Wasabi« verkaufte grüne Meerrettichpaste. Sie enthält oft nur geringe Mengen des echten japanischen Wasabi. Meist besteht diese Mischung zum großen Teil aus gewöhnlichem Meerrettichpulver, dazu kommen Senfmehl, Tapiokastärke, Rapsöl, Kurkuma, Petersilie, diverse Farbstoffe und – man lese und staune – 0,5 Prozent Wasabipulver. Auch in Japan ist die preiswerte Ersatzmischung Seiyō Wasabi als »westliches Wasabi« oder »Pulver-Wasabi« wegen des hohen Preises des Originals weitverbreitet, und das schon seit 1939.

KETCHUP

Hier finden Sie einige wissenswerte Fakten über die dicke rote Soße, ohne die manche von uns nicht leben könnten.

- Ketchup kommt aus den USA, ist doch klar! Falsch, Ketchup wurde ursprünglich in China erfunden. (Dafür wurde Chop-suey, das berühmte chinesische Gericht, in den USA erfunden.)
- Ketchup wurde im 19. Jahrhundert unter anderem als Medikament zur Behandlung von Durchfall eingesetzt.
- Neuere Forschungen haben ergeben, dass Ketchup vor Herzleiden, Alterskrankheiten und sogar Krebs schützen kann. Der Inhaltsstoff Lycopin, die Substanz, welche die Tomaten rot färbt, ist dafür verantwortlich. Die beste Wirkung entfaltet sie aber nicht im Rohzustand, sondern in Form von gekochtem Tomatenmark, das in erheblicher Menge in Ketchup enthalten ist.
- In die Richtung »Ketchup ist gesund!« ging 1981 in den Vereinigten Staaten auch ein Vorschlag der republikanischen Regierung unter Präsident Ronald Reagan, Ketchup und eingelegtes Gemüse nicht mehr als Würzmittel, sondern als Gemüsebeilage anzusehen. Die Folge wäre gewesen, dass frisches oder gekochtes Gemüse als Bestandteil einer warmen Mahlzeit für Schulkinder kostenmindernd hätte eingespart werden können. Der empörte Protest der Ernährungswissenschaftler und der demokratischen Opposition verhinderte diesen menschenverachtenden Unsinn.

AUF DER GETRÄNKEKARTE

Getränke sind wichtiger als das tägliche Brot, denn man kann zwar – so die medizinische Faustregel – drei Wochen ohne feste Nahrung, aber nur drei Tage ohne Wasser auskommen. Flüssigkeit ist also essenziell für unseren Körper, aber es muss nicht immer reines Wasser sein.

GESCHICHTE DER GETRÄNKE

Durstig sind Menschen von Geburt an, getrunken wurde schon immer, aber im Laufe der Jahrtausende und Jahrhunderte änderten sich die Getränke und die Trinksitten.

- Im Mittelalter war Kuhmilch kein selbstverständliches Getränk. Die Milch wurde überwiegend von Ziegen und Schafen gewonnen, die in der Haltung anspruchsloser waren.
- Die wichtigsten Getränke neben Wasser waren Bier, Wein und Met, von denen auch gerne mal ein Becher zu viel getrunken wurde. Alkoholische Getränke hatten gegenüber ganz gewöhnlichem Wasser den Vorteil, dass sie nicht so leicht verdarben – Wasser war nie ganz keimfrei und wurde oft schon nach kurzer Zeit faulig. Bier war nicht nur ein Genussmittel, sondern auch ein wichtiger Energielieferant.
- Wein war ebenfalls gefragt, Weinbau wurde seit jeher in vielen Teilen Mitteleuropas betrieben. Dort, wo der Wein nicht ausreichend süß schmeckte, süßte man mit Honig nach.
- Auch Gewürze waren beliebt, damit der Wein besser mundete, jedoch waren diese schwer zu beschaffen und sehr teuer. Als aro-

matisierende Zutaten waren Zimt, Gewürznelken und Orangenblüten in Gebrauch, aber auch Kardamom, Ingwer, Majoran, Muskatnuss und Pfeffer. Fehlte es an Orangenblüten, griff man zum Rosenwasser.

- Ein besonders teurer und wohl nur für Adel und Höflinge verfügbarer Gewürzwein war der Hypocras oder Ypocras, ein mit Honig oder Zucker stark gesüßtes rotes Getränk, dem man im Mittelalter auch Heilkräfte zuschrieb. Der Name leitet sich vom Namen des griechischen Arztes Hippokrates ab.
- Eine mit Weißwein hergestellte Sorte des Hypocras findet sich in sächsischen Wein- und Winzerbüchern unter dem Namen Claret.
- Met, der Honigwein, dürfte das älteste alkoholische Getränk überhaupt sein. Weil seine Herstellung enorm aufwendig ist, wurde Met nach und nach von Bier und Wein in seiner Bedeutung als Alltagsgetränk zurückgedrängt. Getrunken wurde Met aber während des ganzen Mittelalters, nicht zuletzt wegen seines guten Geschmacks und des hohen Alkoholgehalts.
- Als »Wikingerblut« oder »Odinsblut« bezeichnet man mit Kirschen vergorenen oder mit Kirschsaft vermischten Met. Mit einer scharfen Gewürzmischung wird Met zu »Drachenblut«.
- Zwischen 1920 und 1933 waren in Amerika Herstellung, Transport und Verkauf von Alkohol verboten. Die sogenannte Prohibition wurde sogar in der Verfassung verankert.

KAFFEE

Wer – außer meiner Tasse Kaffee – sagt mir morgens auf freundliche und angenehme Weise, dass der Tag begonnen hat? Was würde mancher von uns ohne die duftende braune Brühe tun?

- Kaffee hält wach, weil er Koffein enthält. Zu viel Koffein sowie eine regelmäßige Einnahme führen jedoch zu einer Immunisierung gegen den aufhellenden Effekt. Koffein ist nicht ohne Grund als Alltagsdroge bekannt. Ein plötzliches Absetzen kann bei einem sonst regelmäßig Kaffee Trinkenden sogar zu zeitweiser Ermüdung führen.
- Das Risiko von Männern, an Diabetes Typ 2 zu erkranken, ist gemäß einer groß angelegten Studie nur halb so groß, wenn sie mehr als sechs Tassen Kaffee pro Tag trinken. Bei Frauen reduziert sich das Krankheitsrisiko um ein Drittel.
- Das Kaffeehaus Starbucks eröffnete seine erste Filiale in Italien erst im Jahr 2018. Grund für den späten ersten Versuch war wohl der Respekt der Amerikaner vor der italienischen Kaffeekultur.
- Kaffee-Rekord: In Offenburg saßen 6300 Besucher an der längsten Kaffeetafel Deutschlands. Sie tranken 2000 Liter Kaffee und aßen über 6000 Stücke Mandarinenkuchen.

TEE

Fast alle koffeinhaltigen Tees stammen von derselben Pflanze ab – *Thea sinensis* oder *Thea assamica.* Weißer, grüner, gelber oder schwarzer Tee und Oolong oder Pu Erh unterscheiden sich nur durch unterschiedliche Herstellungsverfahren.

- Ein Deutscher trinkt im Schnitt 6,5 Liter grünen Tee pro Jahr. Beliebter ist nur der schwarze Tee mit rund 15 Litern pro Jahr.
- Pro Jahr werden weltweit etwa 4,7 Millionen Tonnen Tee unterschiedlicher Sorten produziert.
- Tee wurde zwar nicht von den Briten erfunden, aber das englische Königshaus hatte maßgeblichen Einfluss auf seinen Erfolg in Europa. Katharina von Braganza, die Ehefrau des englischen Königs Karl II., führte 1662 den Tee als Getränk ein und begründete damit die britische Teekultur.
- Der Teehändler Thomas Sullivan hat den Teebeutel erfunden – aber auch seine Kunden hatten einen Anteil an der Erfindung. Sullivan verpackte seinen Tee für den Versand in kleinen Seidenbeutelchen statt in Metalldosen, um den Transport zu erleichtern und Kosten zu sparen. Seine Kunden entdeckten einen anderen Vorteil des Beutelchens: Sie legten es einfach direkt in die Tasse und übergossen es mit heißem Wasser.
- Die Briten lieben ihren Tee. Seit 1945 wird in allen britischen Panzern ein sogenannter *boiling vessel* zur Zubereitung von Tee verbaut. Kenner der Materie sagen sogar, dass dieser Wasserkocher der wichtigste Ausrüstungsgegenstand bei militärischen Fahrzeugen der britischen Armee ist.
- Besonders grüner Tee gilt als gesund. Er enthält Vitamin C, A, B1, B2, B3, E und K.
- Je länger Tee zieht, desto weniger anregend wirkt er. Das enthaltene Koffein wird durch die sich erst nach und nach lösenden

Gerbstoffe neutralisiert. Kurz gezogener Tee bringt den Trinker in Schwung.

- In seiner Verpackung hält sich Tee bis zu drei Jahre lang, ohne an Aroma einzubüßen. Einmal geöffnet, hält er seine Qualität immer noch über zwei bis drei Monate.
- Der Name eines Tees verrät seine Herkunft. Assam, Ceylon und Darjeeling zum Beispiel sind nach ihren Anbaugebieten benannt.
- Tee ist die Nummer 2 in den weltweiten Charts der Getränke. Nur Wasser wird noch häufiger getrunken.
- Tee kann Energie pur liefern: Manche Sorten, speziell grüne Tees, enthalten mehr Koffein als Energydrinks. Zwar übertreffen Kaffeebohnen Teeblätter im Koffeingehalt, doch das Koffein aus dem Tee wirkt sanfter und hält länger an.
- Teekenner spülen ihre Teekannen nicht mit Spülmittel oder in der Spülmaschine, sondern waschen sie allenfalls mit klarem Wasser aus. Reste des Spülmittels könnten sich in den offenen Poren von Ton oder Porzellan festsetzen und die Kanne verderben.
- Kaffee und Tee mögen sich nicht und sollten im Schrank nicht geöffnet nebeneinanderstehen, weil sie ihre Aromen gegenseitig verderben.
- In Großbritannien existieren zwei Schulen des Teetrinkens: TiF *(Tea in First)* und MiF *(Milk in First)*, je nachdem ob man es vorzieht, zuerst Milch oder Tee in die Kanne zu gießen. Die Queen soll zuerst die Milch in die Tasse gießen, ist also eine MiF-Anhängerin.

MILCH UND MILCHPRODUKTE

Deutschland ist führend im Milchverbrauch: Jedes Jahr konsumiert ein Bundesbürger etwa 88 Kilogramm an Milch und Frischmilchprodukten wie Joghurt, Quark und Käse. Ungefähr 4,2 Millionen Milchkühe sorgen in Deutschland dafür, dass Milchprodukte immer reichlich vorhanden sind.

- Aus deutschen Kuheutern fließen pro Jahr etwa 31,3 Millionen Tonnen Milch. Die milchverarbeitenden Betriebe setzen jährlich 21,7 Milliarden Euro um.
- H-Milch erwirtschaftete 2016 1,33 Milliarden Euro.
- 17 Prozent der weltweiten Milchmenge stammen von Büffeln, im europäischen Raum zum Beispiel die Milch, die zu echtem Mozzarella verarbeitet wird.
- Kühe geben etwa 3 Prozent mehr Milch, wenn sie ruhige Musik hören. Die Milchleistung geht zurück, wenn beim Melken schnelle Rockmusik abgespielt wird.
- Echte Buttermilch enthält keine Butter. Das ist keine Täuschung der Lebensmittelindustrie, sondern beruht auf der traditionellen Herstellung der Buttermilch: Sie bleibt bei der Butterherstellung übrig – deshalb ist sie auch ausgesprochen fettarm. Einige Hersteller werben inzwischen allerdings für Variationen, denen nachträglich Butter zugegeben wurde – eigentlich ein Unding.
- 75 Prozent der erwachsenen Menschen auf der Erde sind laktoseintolerant, das heißt, sie können keine Milchprodukte essen, da ihnen das Enzym Laktase fehlt, um den Milchzucker zu zersetzen. Besonders viele Menschen – bis zu 90 Prozent – sind in

Südostasien, Südamerika und Südafrika betroffen. In Europa sind es – je nach Ethnie – nur 5 bis 15 Prozent.

- Wer trotz Laktoseintoleranz Milchprodukte essen möchte, kann vor dem Essen eine Laktase-Tablette nehmen, deren Wirkstoffe das Zersetzen des Milchzuckers im Magen übernehmen.
- Der Verzehr von Milchprodukten kann Akne verursachen.
- Die teuerste Milch – es ist zum Mäusemelken! – ist die Mäusemilch. Für 1 Liter muss eine Maus mehr als 4 000-mal gemolken werden. Entsprechend kostet dieser Liter dann etwa 23 000 Euro. Mäusemilch wird für die medizinische Forschung benötigt.
- Es kursieren wilde Theorien über die Kuhmilch. Sie soll den Körper verschleimen, für Kinder ungeeignet sein, Erkältungskrankheiten und sogar Krebs begünstigen. Dass gerade Kinder über die Milch Eiweiß und Kalzium für den Knochen- und Zahnaufbau bekommen, wird übersehen.
- Die Lebensmittelindustrie reagiert auf diese Gerüchte mit »Kindermilch« oder Kleinkindmilch – fragwürdigen Cocktails aus Eiweiß, Stärke und Zucker mit zugesetzten Vitaminen und Spurenelementen.
- Getreide-, Soja- oder Mandeldrink sind ein minderwertiger Ersatz für Kuhmilch ohne nennenswerten Nährstoffgehalt – viel Lebensmitteltechnik, letztlich Wasser mit einer eingerührten Zutat.

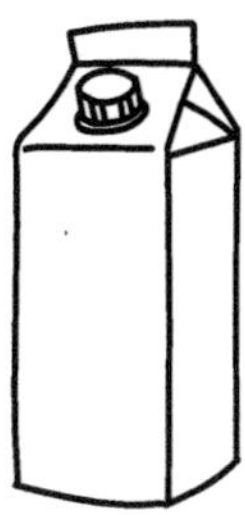

COCA-COLA

Amerika-Fans halten die braune Limonade für die Milch der reinen Gesinnung. Kritiker der westlichen Lebensart vermuten, dass der Teufel selbst den Zucker in die Brühe rührt …

- Coca-Cola wurde von John Stith Pemberton am 8. Mai 1886 durch einen Zufall erfunden, als er ein Mittel gegen Kopfschmerzen herstellen wollte. Deshalb wurde Coca-Cola im 19. Jahrhundert zunächst als Medizin verkauft und hatte eine grüne Farbe.
- Coca-Cola soll früher tatsächlich Kokain enthalten haben: Bis 1903 waren wohl in 1 Liter Coca-Cola etwa 250 Milligramm des Rauschgiftes – eine unglaubliche Menge, denn ein Drogenkonsument zieht sich heute mit einer Line nur etwa 20 Milligramm durch die Nase. Die Firma streitet allerdings ab, dass es jemals Kokain-Cola gegeben hat.
- Das bekannteste Wort der Welt ist »okay«. Auf Platz zwei folgt »Coca-Cola«.
- Cola light ist tatsächlich light: Eine Dose mit normaler Cola geht in einem Eimer mit Wasser unter. Verwendet man aber eine Dose Cola light, schwimmt diese an der Oberfläche. Der Grund dafür ist, dass in Cola light kein Zucker enthalten ist. Deshalb besitzt die Dose ein etwas niedrigeres spezifisches Gewicht als das Wasser und schwimmt. Die in der Dose vorhandene Luft- und CO_2-Blase hält die Dose oben. Normale Cola dagegen besteht zu etwa 10 Prozent aus Zucker. Das spezifische Gewicht dieser Flüssigkeit gegenüber dem von Wasser ist größer, sodass die Dose auf den Boden sinkt. Trotz Schwimmblase.

ENERGYDRINKS

Fehlt es dir an Energie? Dann trink sie, du wirst stark wie nie! So würde ein Werbeslogan aus den 1950er-Jahren zu verkaufen versuchen, was sich eigentlich gar nicht in Dosen und Flaschen abfüllen lässt: konzentrierte Kraft und kraftvolle Konzentration.

- Energydrinks besitzen keine lange Geschichte wie Coca-Cola, sondern wurden erst in den 1980er-Jahren von den Getränkeherstellern in den Markt gebracht.
- Der wohl wichtigste Inhaltsstoff von Energydrinks ist Koffein. Die meisten Marken enthalten in einer Dose in etwa die Menge, die einer Tasse Filterkaffee entspricht. So ist schnell eine große Dosis Koffein konsumiert, vielleicht eine Überdosis.
- Viele Energydrinks enthalten Taurin, eine schwefelhaltige Aminosäure, die nicht etwa ein Aufputschmittel ist, sondern eine wichtige Rolle bei physiologischen Funktionen des Körpers spielt. Das zumindest behaupten die Hersteller – kritische Experten warnen vor Nebenwirkungen des Taurins und anderer Inhaltsstoffe von Energydrinks. So kann es zu Herzrhythmusstörungen, Krämpfen und Nierenschädigungen kommen. Das Bundesministerium für Risikobewertung warnt davor, Energydrinks mit Taurin mit Alkohol zu mischen. US-Forscher halten die Mischung von Wodka und Red Bull für gefährlich; sie wirkt im Gehirn wie Kokain.
- 2018 verkaufte das Unternehmen Red Bull 6,8 Milliarden Dosen seines Energydrinks auf der ganzen Welt. Das ist fast eine Dose pro Mensch.

- Dennoch: Energydrinks machen nur 1 Prozent des Marktes für alkoholfreie Getränke aus.

GETRÄNKE ALKOHOLISCH – BIER, WEIN & CO.

Zu einem guten Essen gehört das passende Getränk, aber auch die Konversation darüber, was man sich vor, während und nach der Mahlzeit hinter die Binde gießt. Hier einige Fakten, mit denen Sie bei jedem Gastmahl brillieren können.

Wein

- Weltweit wurden 2018 etwa 24,4 Milliarden Hektoliter Wein getrunken.
- Der meiste Wein wird in Portugal getrunken: 58,8 Liter pro Kopf und Jahr. Auf Platz 2 liegt Frankreich mit 50,7 Litern pro Kopf, gefolgt von Italien mit 44,0 Litern.
- Deutschland liegt mit einem Pro-Kopf-Verbrauch von 28,2 Litern auf dem zehnten Platz, gefolgt von Spanien mit 26,4 Litern. Ganz weit hinten in den Charts stehen Russland mit 7,5 Litern pro Kopf und China mit 1,5 Litern. Am unteren Ende der Skala finden sich die muslimischen Länder, in denen nur sehr geringe Mengen oder überhaupt keine statistisch erfassbare Menge Wein getrunken wird.
- Weißwein kann auch aus roten Trauben hergestellt werden. Der

Wein erhält seine rote Farbe nämlich aus der Schale der Traube. Der Saft der roten Trauben allein hat keine Färbung.

- Schön zu hören: Wein ist gesund. Eine niederländische Forschergruppe untersuchte die Trinkgewohnheiten von 1373 Männern über einen Zeitraum von 40 Jahren. Diejenigen, die täglich 20 Gramm Alkohol konsumierten, lebten durchschnittlich 2,3 Jahre länger als die Nichttrinker. Die Weintrinker lagen hierbei vorn: Sie verlängerten ihre Lebenszeit genussvoll um fünf Jahre.
- Noch mehr Begeisterung unter den Weinliebhabern werden die Ergebnisse einer dänischen Forschergruppe hervorgerufen haben, die feststellte, dass sieben (!) Gläser Wein pro Tag gesundheitsfördernd seien, und das, obwohl andere Studien die Gesundheitsschädlichkeit auch geringer Mengen Alkohol betonen.
- Forscher der 1970er-Jahre entdeckten, dass Franzosen weniger Herzinfarkte bekamen als die Menschen anderer, vergleichbarer Nationen – und das trotz Rauchen und einer Ernährung, bei der ein Gedanke an die Gesundheit kaum eine Rolle spielte. Den Unterschied machte nach Meinung der Wissenschaftler das tägliche Glas Rotwein. Als Ursache dafür vermuteten sie das in den Traubenschalen enthaltene Resveratrol, ein Stoff, der die Blutfettwerte reguliert und der Arterienverkalkung entgegenwirkt.
- Früher bezeichnete man trockene Weine als Herrenweine und liebliche Weine als Damenweine. Übrigens gaben immerhin 38 Prozent der Männer bei einer Umfrage einer Frauenzeitschrift zu, schon einmal eine Frau mit Wein betrunken gemacht zu haben.
- Die teuerste Flasche Wein bis zum Jahr 2010 wurde bei einer

Auktion in Hongkong gehandelt: Eine Flasche 1869er Château Lafite-Rothschild erzielte über 195 000 Euro.

- Die größte Weinflasche der Welt ist 2,40 Meter hoch, hat einen Außendurchmesser von 68 Zentimetern und wiegt 630 Kilogramm. Sie steht im Weinkeller des »Gasthauses zum Gupf« von Mick Eberle in Rehetobel/Schweiz und enthält 480 Liter Süßwein der Grande Cuvée TBA NV No. 7 (Jahrgang 2005), produziert vom österreichischen Weinlaubenhof Kracher im Burgenland.
- Die Österreicher behaupten allerdings, die größte Weinflasche stehe in der Gemeinde Mönchhof. Sie ist 3 Meter hoch, fasst 1590 Liter und wiegt schon leer 770 Kilogramm.
- Pah, Peanuts! Richtig viel Wein fasst das größte Weinfass der Welt. Es steht in Bad Dürkheim/Rheinland-Pfalz und würde 1,7 Millionen Liter Wein fassen, wenn man je welchen einfüllen würde. Aber das würde die Gäste stören, denn im Fass befindet sich ein Restaurant.
- Die Charts der Weinfässer:
  - Dürkheimer Fass: Bad Dürkheim, Deutschland – 1 700 000 Liter
  - Byrrh: Thuier, Frankreich – 1 000 200 Liter
  - Ingelfinger Fass: Ingelfingen, Deutschland – 716 500 Liter
  - Großes Fass: Heidelberg, Deutschland – 221 726 Liter
  - Mercier: Épernay, Frankreich – 160 000 Liter
  - Gröninger Fass (Halberstädter Riesenweinfass): Halberstadt, Deutschland – 144 000 Liter
  - Rotkäppchen-Mumm: Freyburg, Deutschland – 120 000 Liter

- Einer der ältesten Weine der Welt kann im Historischen Museum der Pfalz in Speyer angesehen werden. In der 1867 bei Ausgrabungen entdeckten grün-gelblichen Glasflasche aus dem Jahr 325 nach Christus befindet sich neben einem klaren Bodensatz auch eine harzige Flüssigkeit, die Wein enthalten soll.
- Noch älter ist allerdings eine Amphore mit Wein aus dem zweiten Jahrhundert, die 1909 in der Nähe von Donauwörth entdeckt wurde.
- Das Würzburger Weingut Bürgerspital macht für sich geltend, den ältesten noch trinkbaren Wein zu besitzen. Von dem aus dem heißen Sommer 1540 stammenden Tropfen gibt es dort noch eine einzige Flasche. Die vorletzte, sicherlich unglaublich teure Flasche dieses Jahrgangs führten sich 1961 der berühmte Weinexperte und Autor Hugh Johnson und einige wohlbetuchte Weinliebhaber zu Gemüte.
- Sie trinken Ihren Wein immer allein? Das muss nicht sein, zumindest nicht, wenn Sie Katzenbesitzer sind. Nyan Nyan Nouveau heißt der Wein für Katzen – und ausschließlich für Katzen –, den die japanische Firma B&H Lifes 2013 auf den Markt gebracht hat. In der Flasche befindet sich zwar kein Wein, aber Traubensaft, ein Vitamin-Cocktail, Wasser und – als Ersatz für den Alkohol – Katzenminze.
- Einige echte Bezeichnungen deutscher Weine:

  Alsheimer Rheinblick – Bechteheimer Pilgerpfad – Binger Sankt Rochuskapelle – Breisacher Vulkanfelsen – Escherndorfer Fürstenberg – Escherndorfer Lump – Flonheimer Adelberg – Frankenweiler Königsgarten – Glöcklinger Herrlich – Gottenheimer Attilafelsen – Guldentaler Schlosskapelle – Kreuznacher Kronenberg – Kröwer Nacktarsch – Lachener Pfaffengrund – Liebfrauenmilch – Mainzer Domherr – Niersteiner Gutes Domtal – Östricher Gottesthal – Rauenthaler Steinmächer – Rhodter Ordensgut – Seefelder Maltesergarten – Trittenheimer Altärchen – Ürziger Schwarzlay – Volkacher Kirchberg – Wertheimer Tauberklinge

Bier

- Ein Deutscher trinkt im Schnitt pro Jahr um die 100 Liter Bier. Das entspricht etwa 8 Milliarden Litern pro Jahr für alle Deutschen – Tendenz: in den letzten Jahren fallend.
- Auf Platz 1 der Bier-Charts liegt Tschechien mit ungefähr 180 Litern pro Jahr, gefolgt von Österreich mit 106 Litern und Deutschland auf Platz 3; dicht auf den Fersen ist Polen mit 99,4 Litern.
- Jede Minute werden in Deutschland rund 15 000 Liter Bier getrunken. Am Tag kommen somit gut 22 Millionen Liter zusammen.
- Pils ist mit 3,5 Milliarden Litern pro Jahr die beliebteste unter den Biersorten, gefolgt von Export (0,49 Milliarden Liter) und Weizen (0,48 Milliarden Liter).
- Das Vergnügen, Bier zu trinken, lassen sich die Deutschen 19 Milliarden Euro pro Jahr kosten. Ein Teil davon – 695 Millionen Euro – bereichert als Biersteuer die Staatskasse.
- Bier war in Deutschland das erste Transportgut der Eisenbahn. Zwar wurde schon 1835 die erste Eisenbahnlinie eröffnet, die

fortan Personen von Nürnberg nach Fürth und wieder zurück brachte. Doch bereits ein halbes Jahr später, am 11. Juni 1836, kam es zum ersten Gütertransport der deutschen Eisenbahngeschichte. Transportiert wurden zwei Fässer Bier.

- Volle 7 Prozent der irischen Gerstenernte werden in Guinness-Bier umgewandelt.
- Gewöhnliches Malzbier ist nicht unbedingt ein Getränk für Kinder, denn es enthält bis zu 2 Prozent Alkohol. Besser geeignet ist der Malztrunk – der darf nur 0,5 Prozent Alkohol enthalten.
- Deutsche Biere nach Brauart:
  alkoholarmes Bier – Alt – Berliner Weiße – Bock – Broyhan – Dampfbier – Dinkel – Diätpils – Doppelbock – Eisbock – Export – Gose – Kölsch – Kräusen – Lager – Märzen – Mumme – Pilsator – Pilsener – Privat – Rauchbier – Roggen – Seefahrtsbier – Spezial – Steinbier – Weizen – Weizenbock

Kneipen

Sie kennen das sicher: Das kalte Licht einer Großstadt, das staubige Straßenpflaster und oft auch die trockenen Begrüßungsworte der Einwohner für einen Fremden machen durstig. Wie schön, wenn an jeder Ecke einer Kneipe verfügbar ist – in welcher Stadt sind die Durstigen am besten versorgt?

- Mit 0,99 Kneipen pro 1000 Einwohner ist Bochum in Sachen alkoholischer Gastronomie führend, gefolgt von Köln mit 0,91 Kneipen pro 1000 Einwohner.
- Ziemlich unterversorgt und die Schlusslichter in den Kneipen-

Charts sind Dresden und Stuttgart. Hier teilen sich 1000 Einwohner 0,27 Kneipen oder andersherum: Hier muss eine Kneipe für mehr als 3700 Einwohner reichen.

Harte Sachen und der Rausch an sich

- In diesem Moment sind etwa 0,7 Prozent der Menschen auf der Erde betrunken.
- In Weißrussland konsumiert jeder erwachsene Einwohner 17,6 Liter reinen Alkohol pro Jahr. Die Deutschen bringen es »nur« auf 11,8 Liter.
- Schon mal was vom Wodka-Bauch gehört? Ein 60 Milliliter großes Glas Tequila, Whisky, Gin, Rum oder Wodka enthält im Schnitt 140 Kalorien. Bier schafft es bei derselben Menge nur auf 30 Kalorien. Portwein immerhin auf 80 Kalorien.
- Genauso wie alkoholfreie Biere enthalten auch Fruchtsäfte kleine Mengen Alkohol. Bei Apfelsaft zum Beispiel liegt der Alkoholgehalt zwischen 0,1 und 0,4 Prozent. Hinzu kommt eine kleine Menge des giftigen Methanols, etwa 0,2 Prozent. Die Alkohole im Saft sind auf die natürliche Gärung der Früchte zurückzuführen und in dieser Konzentration völlig unbedenklich.
- Auch Kefir – vor allem selbst gemachter – kann Alkohol in einer Konzentration von bis zu 2 Prozent enthalten; dies ist eine Folge der Milchsäuregärung. »Kefir mild« aus dem Supermarkt ist alkoholarm.
- Extrem wenig reinen Alkohol nehmen die Einwohner muslimischer Länder zu sich. Die Zahlen variieren von 0,1 Litern pro

Jahr und Kopf in Pakistan und Libyen bis maximal 2 Liter in der Türkei.

- Übrigens: 50 Prozent aller Notfallpatienten in Deutschland sind bei ihrer Einlieferung alkoholisiert.
- Und noch eine Gefahr durch Alkohol: Sektkorken können beim Öffnen der Flasche die wahnwitzige Geschwindigkeit von 40 Kilometern pro Stunde erreichen. Der chinesische Geschäftsmann Dingxiang Loeng zum Beispiel wurde bei einer Hochzeitsfeier von einem Champagnerkorken getroffen und starb. Champagnerkorken bringen es im Jahr auf ungefähr zwei Dutzend Opfer, meist bei Hochzeitsfeiern.
- James Bond bevorzugt übrigens weder in den Romanen von Ian Fleming noch in den Bond-Spielfilmen Wodka-Martini. In den Büchern dominiert mit Abstand der Whisky (101 Drinks), während in den Spielfilmen der Champagner (35 Drinks) vorn liegt. Dennoch wurden die Martinis zu Bonds Markenzeichen. Und das Schütteln? Es soll mehr Sauerstoff in das alkoholische Gemisch bringen.
- Sie trinken Ihre harten Spirituosen gern on the rocks? Ob Eiswürfel durchsichtig oder weiß sind, hängt davon ab, wie schnell das Wasser gefriert. Gefriert es langsam, können sich die Wassermoleküle in ordentlichen sechseckigen Kristallen zusammenschließen. Wird das Wasser jedoch sehr schnell heruntergekühlt, bilden sich die Kristallstrukturen an vielen verschiedenen Stellen gleichzeitig und schließen Luft ein, das Eis sieht trübe oder milchig aus.

LUST AM ESSEN

Ob zu Hause, als Gast bei einem Festmahl oder in einem Restaurant – Essen macht Spaß, ist gelebte Kultur, Belohnung für geleistete Arbeit, Energiespender für neue Leistungen und hält uns bei Laune.

LIEBLINGSGERICHTE – DIE KLASSIKER

Schon Urgroßvater und Großvater haben sie gegessen, zubereitet und genossen – die Klassiker unter den Lieblingsgerichten. Diese haben sich über die Zeit bis in die heutigen Tage gerettet:

- Erbsensuppe, am besten mit Wiener, Frankfurter oder Bockwürstchen, traditionell aus dem großen Kessel, wird aber auch in kleineren Mengen im normalen Haushalt sehr geschätzt.
- Die Nürnberger Rostbratwurst erschreckt den Touristen zunächst durch ihre unerwartete Größe – sie ist ziemlich klein –, beruhigt ihn dann aber wieder mit der Anzahl – man isst immer mehrere – und dem großartigen Geschmack. Die klassische Beilage ist Sauerkraut.
- Für Sauerbraten wird rohes Fleisch mehrere Tage lang in einer Mischung aus Essig, Wasser oder Wein mariniert. Zwiebeln, Karotten, Lorbeerblätter, Gewürznelken und Pfefferkörner sorgen für den typischen Geschmack. Das Fleisch wird in der Marinade geschmort, die anschließend für die Herstellung der Soße verwendet wird. Dazu gibt es Klöße.
- Maultaschen, auch als »schwäbische Ravioli« bezeichnet, sind Taschen aus Nudelteig mit einer Füllung aus einer Fleisch-

zubereitung, Zwiebeln und eingeweichtem Brötchen. Die vegetarische Variante enthält Käse und Spinat.

- Rinderrouladen sind aufgerollte Fleischscheiben mit Salz, Pfeffer und Senf gewürzt und mit einer Füllung aus Speck, Zwiebeln und Scheiben der sauren Gurke – neben dem Schweinsbraten ein sehr beliebtes Fleischgericht.
- Der Schweinsbraten, in anderen Regionen Schweinebraten genannt, ist ein Produkt der traditionellen bayerischen Küche. Mit Semmel- oder Kartoffelknödeln und Rotkraut serviert, kommt ein lukullischer Traum mit einer dunklen Biersoße auf den Teller.

Spätzle sind der schwäbische Beitrag zur Liste der Lieblingsgerichte. Das ländliche Gericht ist seit 400 Jahren bekannt. Spätzle werden mit geriebenem Käse und Röstzwiebeln gern als Kässpätzle serviert. Dazu gibt es grünen Salat.

- Weißwurst ist eine Spezialität aus Bayern. Sie darf traditionsgemäß das 12-Uhr-Läuten nicht erleben, wird deshalb am frühen Morgen zubereitet und als Mittagsimbiss auf Märkten und in Wirtshäusern mit süßem Senf, Brezen und Weißbier verspeist.
- Ebenfalls auf dem Speiseplan der traditionellen Küche stehen die folgenden Gerichte: Pfannkuchen, Grünkohl, Königsberger Klopse, Semmelknödel, Cordon bleu, Wiener Schnitzel, Spargel, Kassler.

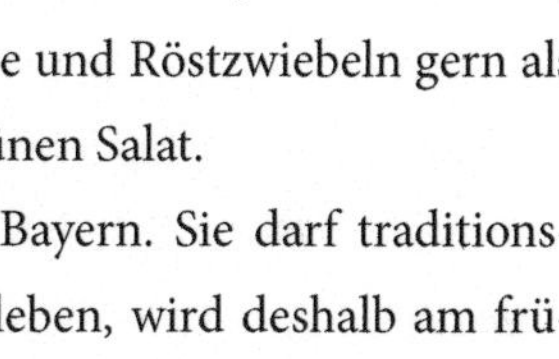

PROMINENTE UND IHRE LIEBLINGSGERICHTE

Pizza, Rouladen, Schnitzel, Nudelauflauf und Spaghetti bolognese – das sind die Lieblingsgerichte in Deutschland – und einige von ihnen sind vermutlich auch die am häufigsten gekochten. Wie aber unterscheidet sich die Prominenz in ihren lukullischen Vorlieben von den Durchschnittsmenschen?

- Angela Merkel schätzt Königsberger Klopse.
- Barack Obama isst gern Hamburger und Cheeseburger.
- Brad Pitt steht – ganz einfach – auf Pizza.
- Cameron Diaz liebt Pommes frites, aber mit viel Salz.
- Daniel Day-Lewis steht auf Kalbsfilet Mignon.
- Denzel Washington schätzt asiatisches Curry-Hähnchen.
- Der Dalai-Lama soll bei einem Besuch in der Schweiz Zürcher Geschnetzeltes gegessen haben. Es darf allerdings angezweifelt werden, dass es sich dabei um sein Lieblingsgericht handelt.
- Gregor Gysi erfreut sich an gefüllten Paprika mit scharfem Rinderhack.
- Heidi Klum bevorzugt die Sauerkrautsuppe ihrer Mutter.
- Helmut Kohl hat die Welt mit Pfälzer Saumagen bekannt gemacht.
- Jennifer Aniston fühlt sich stark von Tortillachips mit Guacamole angezogen.
- Joaquin Phoenix lebt vegan und mag Tofu.
- Johnny Depp sieht sich als Feinschmecker und mag Fried Chicken.
- Julia Klöckner steht auf Rouladen mit dunkler Soße.

- Julia Roberts frühstückt morgens oft Arme Ritter.
- Katja Kipping isst undogmatisch vegetarisch, zum Beispiel Apfel-Sellerie mit Butterkartoffeln.
- Katrin Göring-Eckardt liebt ihren Sonntagsbraten, aber vom regionalen Bauernhof.
- Kristen Stewart bevorzugt Sushi.
- Leonardo DiCaprio braucht Energie, deshalb schätzt er Pastagerichte.
- Markus Söder mag es am liebsten deftig – Braten, dazu Kloß mit Soß'.
- Peer Steinbrück ist Pasta-Fan.
- Selena Gomez behauptet von sich, süchtig nach sauren Gurken zu sein.
- Sophia Loren hat, wie könnte es anders sein, eine starke Vorliebe für Pizza napoletana.
- Thomas Oppermann bevorzugt Rinderschmorbraten, aber auch Cannelloni, gefüllt mit Fischfilet und Mozzarella.
- Tyra Banks steht zu ihrem Truthahn mit kandierten Süßkartoffeln und Marshmallows.

DAS AUSWÄRTSESSEN UND SEINE GESCHICHTE

Das Essen außerhalb der eigenen Heimstätte hat sicherlich seinen Ursprung in der Gastfreundschaft, einer weltweit verbreiteten Gepflogenheit in menschlichen Gesellschaften. Wann daraus erstmals ein wirtschaftlich motiviertes Verhältnis zwischen Gastwirt und

Gast geworden ist, werden Altertumsforscher wohl nie erkunden können, zumal die Übergänge zwischen privater Beköstigung und kommerzieller Bewirtung fließend gewesen sein werden.

- Sicher ist, dass es Restaurants schon im Römischen Reich gegeben hat. Die bei dem Vulkanausbruch 79 n. Chr. verschüttete Stadt Pompeji liefert quasi einen Schnappschuss des gastronomischen Lebens ihrer Zeit: 160 Gaststätten und Garküchen, sogenannte Thermopolia (wörtlich übersetzt »Warmfelder«), wurden im Stadtgebiet gefunden, konzentriert an den Ausfallstraßen und den öffentlichen Plätzen.
- Auch der Straßenimbiss war hier bereits gegenwärtig: Die Restaurants in Pompeji hatten meist einen Tresen zur Straße hin, an dem Speisen zum Mitnehmen verkauft wurden.
- In den Räumlichkeiten der Restaurants saßen die einfacheren Gäste auf Stühlen oder ruhten, sozusagen in der ersten Klasse, bequem auf Liegen. In diesen gehobenen Häusern waren die Räume mit Fresken ausgestattet.
- Diese zum Teil drastisch erotischen Fresken waren vermutlich der Grund dafür, dass weibliche Gäste im alten Rom Restaurants nicht besuchen durften.
- Die römischen Restaurants wurden meist von freigelassenen Sklaven aus unterschiedlichen Ländern geführt. Allerdings galt ihre Küche nicht als besonders gut, weil die besten Köche unter den Sklaven in Privathaushalten zu finden waren.
- Restaurants finden sich in China ab dem 10. Jahrhundert in den Städten des Landes in großer Zahl. Da die Gäste sie besuchten, um besonders gute Speisen zu genießen, boten die Lo-

kale auch Spezialitäten und Gerichte nach regionalen Rezepten an.

- Auch gehobene Restaurants boten in China preiswerte Speisen für einfache Kunden an, zunächst im allgemeinen Betrieb, später in getrennten Räumen für die unterschiedlichen Qualitätsniveaus.
- Es war im China jener Tage sogar üblich, im Restaurant zu frühstücken – sie öffneten sehr früh.
- Auch das Ausflugslokal ist eine chinesische Erfindung: Schon im 14. Jahrhundert entwickelte sich der Tourismus in China. Restaurants entstanden an sehenswerten Orten, auf den Seen fuhren Restaurantschiffe.
- Im Europa späterer Jahrhunderte starb die römische Restaurantkultur aus. Das Essen außer Haus war nur dann üblich, wenn man auf Reisen war. Die Gasthäuser boten meist sehr einfache Speisen an einem gemeinschaftlichen Tisch an – deren Niveau entsprach der Qualität der Unterbringung.
- Erst mit der Französischen Revolution kamen Veränderungen im Bewirtungsgewerbe. Zuvor hatte das Zunftrecht die Möglichkeiten von Gastwirten zur Bewirtung ihrer Gäste mit Speisen beschnitten. Suppenküchen, Pastetenbäcker und andere Handwerksberufe teilten das Geschäft unter sich auf, die Gastwirte gingen leer aus.
- In den Jahren vor der Revolution gab es in Paris keine 100 Restaurants, doch ihre Zahl vermehrte sich rasch. Um 1800 waren es bereits 500 bis 600 Betriebe. In dieser Zeit wurde es auch üblich, sich zu geschäftlichen Besprechungen im Restaurant zu treffen.
- Bestimmend für die Qualität der Pariser Restaurants nach der

Revolution waren kurioserweise die Köche der alten adligen Elite. So mancher Fürst war ins Ausland geflohen, sein Koch und seine Helfer waren geblieben und kochten nun fürstlich für die Bürgerlichen.

Das älteste noch existierende Gasthaus der Welt ist die »Gaststätte Röhrl« – laut *Guinness-Buch der Rekorde.* Der Familienbetrieb in Eilsbrunn bei Regensburg ist seit 1658 durchgehend geöffnet und kann auf über 360 Jahre Geschichte zurückblicken.

GASTMÄHLER – EIN PROBIERHAPPEN

Gäste zu bewirten gehört zu den beliebtesten und angenehmsten Tätigkeiten des menschlichen Zusammenlebens. Vor über 2000 Jahren im Römischen Reich kam diese Form der sozialen Interaktion zu besonderer Blüte – man demonstrierte Größe und Reichtum und tischte mächtig auf.

Zu Zeiten des römischen Kaisers Nero kamen auf den Tisch der besseren Gesellschaft: Austern aus Britannien, Haselhühner aus Ionien, Thunfisch aus Kalchedon am Bosporus, Honig aus Germanien, Pfauen aus Babylonien, Meerbarben aus dem Roten Meer, Schneehühner aus den Alpen, Kraniche und Purpurhühner von den Balearen und Fasane von der Schwarzmeerküste. Lebensmittel aus Rom selbst wie etwa Enten und Gänse verschmähte man als zu gewöhnlich – »Plebejerkost«.

Ebenso gehörten Salat aus Kappadokien, Porree aus Ägypten, Käse aus Gallien, dem Sellerie ähnliche Wurzeln der Rapunzel-

Glockenblumen aus Germanien und Rettich aus Syrien zu den servierten Speisen.

Ein anderer Fall üppiger Bewirtung: Den größten bekannten Braten stellt womöglich das gefüllte Kamel dar, das noch heute für die Gäste mancher Beduinenhochzeiten zubereitet wird. Das Kamel wird zum Beispiel mit einem oder zwei Schafen, 20 Hühnern, 60 Eiern und 500 Datteln gefüllt und in einem Erdloch gebacken.

GASTRONOMIE – OFT ODER NIE?

Wie oft Menschen in Restaurants gehen oder Essen nach Hause bestellen, ist von Nation zu Nation sehr unterschiedlich. In ärmeren Regionen können sich die wenigsten Besuche in luxuriösen Speisegaststätten leisten, allenfalls Streetfood wird konsumiert – preiswerte Speisen, die mitten auf der Straße gekocht werden. Manchmal gibt es auch, durch geografische Gegebenheiten bedingt, einfach keine Möglichkeit für das Essen auswärts. In den Großstädten allerdings streiten sich die Lokale um die hungrigen Gäste.

Wer und wie oft: der Ländervergleich

Absoluter Spitzenreiter sind die Japaner mit 386 Restaurantbesuchen oder Bestellungen pro Person und Jahr. Das bedeutet, dass ein durchschnittlicher Japaner mindestens einmal pro Tag Essen von auswärts zu sich nimmt.

- Auf Platz zwei liegen übrigens die Kanadier mir 237 Essen pro Person und Jahr. Deutsche nehmen nur etwa jeden dritten Tag, also etwa 136-mal im Jahr, Essen von auswärts zu sich.
- Allein in Tokio gibt es über 160 000 Restaurants, Imbisse und Garküchen. Zum Vergleich: In Berlin sind es gerade einmal etwas mehr als 7 000.

Das Personal

- Ein durchschnittlicher Kellner läuft auf dem Münchener Oktoberfest rund 200 Kilometer pro Saison, also circa 12,5 Kilometer pro Tag. Würde er nach dem Anstich von der Theresienwiese aus loslaufen, käme er also bis nach Stuttgart. Übrigens: Ein Postbote bringt es im Schnitt auf 14,4 Kilometer pro Tag.
- Eine Studie der Universität Jena hat gezeigt, dass dicke Kellner ihre Kunden zu mehr Genuss verleiten. Werden Gäste von einem dicken Kellner bedient, wird bis zu viermal häufiger ein Nachtisch bestellt. Auch den Konsum von alkoholischen Getränken kurbeln sie an. Im Schnitt tranken Gäste 17 Prozent mehr alkoholische Getränke, wenn sie von einem dicken Kellner bedient wurden.
- Steuerwahnsinn: Würde der Betreiber eines Imbisses seinen Gästen mehr als Stehtische, also in den Augen des Gesetzgebers mehr als »behelfsmäßige Verzehrvorrichtungen«, bereitstellen, müsste die Imbissbude für ihr Essen 19 Prozent statt wie sonst üblich 7 Prozent Mehrwertsteuer berechnen.

Die kuriosesten Restaurants

Es gibt Gäste, die einfach nur etwas essen wollen – für viele andere bietet ein Besuch in einem Restaurant angenehme Abwechslung vom Alltag. Sie werden es begrüßen, wenn über eine zufriedenstellende Bewirtung hinaus sogar ein großartiges Erlebnis geboten wird. Viele Gastronomen weltweit geben ihr Bestes.

- Affen-Restaurant – auch so kann man Personalkosten sparen: Affen, mit Hemd und Hose bekleidet, ersetzen die Kellner, so etwas geht wohl nur in Tokio. Nein, auch dort dürfen die Affen nicht mit den Lebensmitteln in Berührung kommen – geboten wird nur eine seltsame Affenshow.
- Im Alcatraz E. R. (Alcatraz Emergency Room) befindet man sich in der Notaufnahme eines Gefängnisses, und das mitten in Tokio/Japan. Die Gäste tragen Handschellen und werden von Krankenschwestern und Pflegern in Zellen gesperrt. Die Gerichte werden alles andere als appetitanregend serviert und hin und wieder geht das Licht aus …
- »Alux«-Restaurant – im Höhlenrestaurant in Playa del Carmen/Mexiko wird zwischen Stalaktiten und Stalagmiten gegessen und getrunken.
- »Barista Cat's« – sechs Katzen sorgen für noch mehr Gemütlichkeit in diesem Berliner Café oder im 200 Quadratmeter-großen Garten. Alle Gäste haben die Lizenz zum Schmusen, Spielen oder Zuschauen.
- In dem Lokal »Buns & Guns« in Beirut aß man Gerichte der libanesischen Küche geschützt von Tarnnetzen und Sandsäcken

wie in einem militärischen Außenposten im Krisengebiet. Aus Lautsprechern erklangen Artillerie- und Helikoptergeräusche.

- »Das Klo« nennt sich eine Kneipe in Berlin-Charlottenburg, eine Mischung aus Bar, Gruselkabinett, Aufführungsort für Stand-up-Comedy und Bühne für Retro-DJs, welche die 1960er- und 1970er-Jahre musikalisch wiederbeleben. Dekoration: alles rund ums Klo, zum Beispiel zahllose Klobürsten unter der Decke, die ganze Inneneinrichtung eine Kakophonie in Braun. Und ein Kleintierzoo ist das Lokal auch noch: eine Vogelspinne, ein Leguan und eine Boa constrictor sind hier zu Hause. Zart besaitete Menschen kommen ins Schlucken, der durchschnittliche Tourist findet es lustig und sehenswert, englischsprachige Besucher nennen es »*strange toilet bar*«.
- Dinnerhopping – das American Diner ist sozusagen in einen Schulbus aus den USA eingebaut, und der fährt quer durch München. Die Fahrgäste sitzen in Ledersesseln und erleben eine Kombination aus Sightseeing, Show und Kulinarik. Der Bus hält an ausgewählten Restaurants und die örtlichen Kellner servieren ein Menü – im Bus. Wenn alle aufgegessen haben, wird das nächste Restaurant angesteuert
- »Floyd's Pelican Bar« ist eine Taucherhütte auf einer Sandbank vor der jamaikanischen Küste, in 15 Minuten mit dem Boot erreichbar. Es ist ein sehr besonderer Ort, denn um die Bar herum finden die Gäste nichts als Sand und kristallklares Wasser.
- »Hajime Robot Restaurant« – vier Roboter mit menschenähnlichen Zügen servieren, was die Gäste auf Tablets bestellen, das spart Personalkosten. Zwischendurch erfreuen die Kunst-

menschen die Gäste noch mit musikalisch unterstützten Tanzeinlagen.

- Die Besitzer des Krankenhaus-Restaurants »Hospitalis« in Riga/Lettland waren Ärzte, gegessen wurde mit chirurgischen Instrumenten im Operationssaal und man konnte sich auch in der Zwangsjacke von der Krankenschwester füttern lassen. Leider gab es nicht genug Patienten – die »Klinik« wurde geschlossen.
- »Ithaa Undersea«-Restaurant – das Premiumrestaurant auf Rangali Island/Malediven liegt 5 Meter unter dem Meeresspiegel unter einer völlig transparenten Glaskuppel. Die Preise für ein Menü liegen zwischen 250 und 300 Dollar.
- Noch konsequenter auf der Ekelschiene als »Das Klo« fährt die Restaurantkette »Modern Toilet« mit insgesamt zwölf Filialen in Taipeh, Taiwan und Hongkong. Dort werden Speisen und Getränke in Toilettenschüsseln und Urinalen serviert. Manche Gerichte sehen bewusst so aus, als hätten sie den Weg durch den Verdauungstrakt bereits hinter sich. Die ganze Inneneinrichtung der Lokale verströmt – nicht zuletzt wegen der gekachelten Wände – den sehr kühlen Charme eines Badezimmers, zumal das dominierende Dekorationselement ein lustiger Kackhaufen ist.
- »Penis«-Restaurant – auf der Speisekarte dieses ungewöhnlichen Gourmettempels in Peking/China stehen etwa 30 Gerichte aus den Geschlechtsorganen verschiedenster männlicher Tiere. Das Versprechen: Männer gewinnen durch diese Kost an Potenz, Frauen bekommen eine schönere Haut – das glauben zumindest die Chinesen.

- »Redwoods Treehouse« – das Restaurant nördlich von Auckland bietet 30 Gästen Platz, in einer Höhe von 10 Metern zwischen majestätischen Mammutbäumen. Entstanden aus lokalen Ressourcen, achten die Betreiber stets auf Nachhaltigkeit.
- Die Restaurantkette »Rollercoaster«, vertreten in Dresden, Nürnberg und Hamburg, liefert Speisen und Getränke mithilfe von speziellen computergesteuerten Achterbahnen zum Tisch. Man bestellt auf dem Tablet und wird sensationell schnell bedient – so das Konzept.
- Sky-High-Restaurants verbinden köstliche Küche mit dem Erlebnis eines sagenhaften Ausblicks auf eine Stadt. Zu finden sind sie auf den höchsten Gebäuden – oder man zieht das Restaurant mitsamt Gästen mit einem Kran in die Höhe.
- »Solo per due« – das Restaurant in Vacone/Mittelitalien hat nur Platz für zwei Gäste. Es gilt als Geheimtipp für verliebte Paare. Es verkauft sich als das kleinste Restaurant der Welt, um Vorbestellung zu je 250 Euro pro Person wird gebeten.
- »XiHu Lou« – das größte China-Restaurant in Changsha/Provinz Hunan/China beschäftigt 70 Köche, hat etwa 4000 Sitzplätze und insgesamt 700 Angestellte sorgen dafür, dass sich die Gäste auf 400 000 Quadratmetern Fläche wohlfühlen. Auf der Speisekarte stehen so exotische Spezialitäten wie Frösche, Kröten, Schildkröten und Schlangen.

BERÜHMTE KÖCHE GESTERN UND HEUTE

Die Geschichte des Kochens ist lang und wie in anderen kulturellen Bereichen ist sie geprägt von großen Menschen, die ihren Beitrag zu immer neuen und besseren Leistungen beisteuerten. Manches, was auf unseren Tellern liegt, hat seinen Ursprung in geschichtlicher Zeit.

- **Lucullus** (117 v. Chr.–56 v. Chr.) – der römische Feldherr und Konsul war berühmt für seine ausschweifenden Gastmähler und hinterließ seinen Namen in der Sprache. Noch heute sprechen wir von lukullischen Genüssen.
- **François-Pierre de La Varenne** (1615–1678) war der bedeutendste französische Küchenchef des 17. Jahrhunderts. Er kochte unter anderem für Maria di Medici. La Varenne schrieb zwei Standardwerke der französischen Kochbuchliteratur, *Le Cuisinier François* (1651) und *Le Patissier François* (1653), die bis heute erhältlich sind.
- **Marie-Antoine Carême** (1784–1833) – der Koch der Könige und König der Köche galt als größter Küchenchef seiner Zeit, stammte aus einer armen Familie mit 25 Kindern und arbeitete sich bis in die Küchen der Paläste hoch: Er war Küchenchef beim Staatsmann Charles-Maurice de Talleyrand und Koch für George IV von England, Zar Alexander I. und Baron de Rothschild.
- **Henriette Davidis** (1801–1876) war zwar keine Köchin mit Restaurant, gilt aber als bedeutende deutsche Kochbuchautorin. Ihr *Praktisches Kochbuch. Zuverlässige und selbstgeprüfte Recepte der gewöhnlichen und feineren Küche. Practische Anweisung zur Be-*

reitung von verschiedenartigen Speisen, kalten und warmen Getränken, Gelees, Gefrornem, Backwerken, sowie zum Einmachen und Trocknen von Früchten, mit besonderer Berücksichtigung der Anfängerinnen und angehenden Hausfrauen von 1845 prägte die Esskultur in deutschen Haushalten.

- **Auguste Escoffier** (1846–1935) gilt als Koch der Kaiser und Kaiser der Köche. Er beeinflusste die feine Küche und Gastronomie weltweit bis heute. Sein *Guide Culinaire* wird als Standardwerk der Küche des 20. Jahrhunderts und Bibel der Grande Cuisine angesehen.
- **Fernand Point** (1897–1955) ist der Vater der Nouvelle Cuisine. Er brach mit Traditionen, experimentierte und schuf neue Kreationen. Erstmals suchte er Kontakt zu seinen Gästen – durchaus ungewöhnlich in dieser Zeit. Sein Wissen gab er freigiebig an die Nachwelt weiter, Paul Bocuse war einer seiner Schüler.
- **Paul Bocuse** (1926–2018) dürfte der bekannteste Vertreter der Nouvelle Cuisine sein. Er gilt als einer der besten Köche des 20. Jahrhunderts. Bocuse legte stets Wert auf erstklassige, frische Zutaten und auf eine Zubereitung, bei der der Eigengeschmack der Lebensmittel erhalten bleibt.
- **Eckart Witzigmann** (geb. 1941) – der Schüler von Paul Bocuse war mit seinem Münchner Restaurant »Tantris« der erste deutschsprachige Koch und der dritte Koch weltweit außerhalb Frankreichs, der drei Michelin-Sterne bekam. Als einer der wenigen ganz Großen trägt er den Titel »Koch des Jahrhunderts«, verliehen vom *Gault Millau*.

FERNSEHKÖCHE

Ihre Sendungen sind Zuschauermagneten, sie haben große Fangemeinden und oft auch zahllose Follower im Netz. Nur eines macht stutzig: Wenn in Deutschland mit derselben Energie gekocht würde, wie Menschen bei Kochsendungen im TV zuschauen, müssten wir eigentlich ein Volk von Spitzenköchen und Gourmets sein. Dagegen sprechen allerdings die Fast-Food-Umsätze.

Die hier genannten Köche zelebrieren ihre Sendungen im öffentlich-rechtlichen und privaten Fernsehen und nahezu jeder von ihnen hat auch mehrere Kochbücher geschrieben.

- Alexander Herrmann – der schönste, viel gefragte Fernsehkoch in zahlreichen Sendungen.
- Alfons Schuhbeck – der aus Bayern stammende Meister der Küchentricks kennt sich auch bestens mit Kräutern und Gewürzen aus.
- Alfred Biolek – seine kommunikativen Qualitäten schätzten seine Fernsehzuschauer, aber wenn er auf dem Bildschirm zu kochen begann, kamen einigen seiner Fans erhebliche Zweifel an der Professionalität. Immerhin: Sprachlich kamen die Zuschauer auf ihre Kosten.

»Beim Backen muss man nach Rezept kochen.«

(zu Guildo Horn in »Alfredissimo«)

»Ich esse am liebsten Geflügel wie Hühnchen oder Kaninchen.«

(in »Alfredissimo«)

»Der Tee schmeckt eigentlich nach gar nichts,
ist aber trotzdem sehr gut.«
(zu Jürgen von der Lippe in »Alfredissimo«)

»Es schmeckt so ein bisschen nach meiner Großmutter,
das ist das Schöne daran.«
(in »Alfredissimo«)

»Ihr Fleisch hat geklingelt.«
(zu Jochen Borchert in »Alfredissimo«)

»Lecker, lecker! Großartig!«
»Mhhh .... doll! Mhhhh!«
»Schmeckt äh .... interessant ...«
»Und dazu ein Gläschen Rotwein.«

- Christian Rach kocht, testet und rettet Restaurants, sehr unterhaltsam.
- Clemens Wilmenrod (eigentlich Carl Clemens Hahn; 1906–1967) war ein deutscher Schauspieler und stellte ab 1953 den ersten deutschen Fernsehkoch dar. Er mühte sich redlich und präsentierte so zeitlose wie frei erfundene Gerichte wie den Toast Hawaii, die Gewitterwürstchen, das Arabische Reiterfleisch und die mit einer Mandel gefüllte Erdbeere. Des Weiteren wird ihm nachgesagt, dass er den Rumtopf in Süd- und Westdeutschland populär gemacht und der Pute den Weg als Weihnachtsbraten geebnet haben soll. Als Koch kann man Wilmen-

rod allenfalls einen Autodidakten nennen, aber er war zu seinen besten Zeiten äußerst beliebt und erfolgreich. Originalzitat: »Die Angebote sind derart zahlreich, dass ich bis zum Äußersten sieben und wählerisch sein kann. Ich würde zum Beispiel selbst für 100 000 Mark kein Rezept mit Margarine liefern. Dann würde der Nimbus zerplatzen. Wo ich mich attachiere, sind nur Spitzenqualitäten«. (*Spiegel,* Nummer 26, Juni 1959)

- Frank Rosin – Ruhrgebiets-Küchenchef im Kochshow-Einsatz
- Horst Lichter – kommunikativer und unterhaltsamer Spitzenkoch mit Hang zu Antiquitäten.
- Jamie Oliver – weltweit bekannter Fernsehkoch, auch »The Naked Chef« genannt, weil er Experte für einfache Küche ist und die Rezepte auf das Nötigste reduziert.
- Johann Lafer – einer der besten Köche, aber die Kamera mag ihn nicht.
- Kolja Kleeberg – Sternekoch, der auch gelegentlich in Fernsehserien schauspielert.
- Lea Linster – Spitzenköchin, deren Rezepte zum Nachkochen animieren.
- Mario Koataska – Koch, Moderator und Juror in Kochshows
- Nelson Müller – Spitzenkoch aus Ghana mit Sternerestaurant in Essen.
- Sarah Wiener – weitgereiste Küchenchefin mit großer kulinarischer Erfahrung.
- Ralf Zacherl – markantes Gesicht mit Bärtchen und Glatze.
- Stefan Marquard – Sternekoch mit Kopftuch und kreativen Rezeptideen.

- Steffen Henssler – kocht und grillt in zahlreichen Sendungen; Sushi-Experte.
- Tim Mälzer – Spitzname »Küchenbulle«, bekannt für bodenständige Küche.
- Tim Raue – Koch und Juror auf dem Bildschirm.
- Tohru Nakamura – Koch des Jahres 2019, Gastjuror bei Kochshows.

STERNEKÜCHE

Die Sterne des *Guide Michelin* bewerten ausschließlich die Leistung der Küche. Auch einfach eingerichtete Lokale ohne Luxus haben daher gute Chancen. Unaufmerksame Kellner und eine eher schlichte Inneneinrichtung spielen also keine Rolle, wenn die Küche kreative und wohlschmeckende Speisen hoher Qualität anbietet.

- ☆ Sterne-Streetfood: Chan Hon Meng verkauft in Singapur in seiner Straßenküche ein Hühnchen-Nudel-Gericht für weniger als 2 Euro und ist mit einem Stern im *Guide* zu finden.
- ☆ Die Symbole im Gourmetführer sehen eher einer Prilblume aus dem letzten Jahrhundert ähnlich – Sterne sind das eigentlich nicht.
- ☆ Es gibt im tatsächlichen Sinne keine Sterneköche. Die Auszeichnung im *Guide Michelin* bekommt das Restaurant, nicht der Küchenchef. Wechselt er das Lokal, fängt er an anderer Stelle erst einmal ohne Sterne an.
- ☆ In Deutschland listet der *Guide Michelin* 2020 nur zehn Restau-

rants mit drei Sternen, 43 mit zwei Sternen und 255 Lokale mit einem Stern – insgesamt 308 Mal Sterneküche.

- ☆ Allein in der französischen Hauptstadt Paris verwöhnen neun Dreisternerestaurants ihre Gäste mit exzellenter Küche.
- ☆ Im Jahr 2017 kochten nur in neun der rund 300 deutschen Sternerestaurants Frauen.
- ☆ Neben dem *Guide Michelin* beweisen auch *Gault-Millau*-Kochmützen, dass in einem Lokal gut gekocht wird. Die Kochmützen werden wie französische Schulnoten nach einem Punktesystem vergeben; ab 13 erhält das Restaurant eine Mütze, bei 15 oder 16 Punkten zwei, 17 oder 18 Punkte werden mit drei Hauben belohnt und ab 19 Punkten gibt es vier– 20 Punkte sind das Maximum. Auch hier steht bei der Bewertung die Leistung der Küche im Vordergrund.

REDEWENDUNGEN RUND UMS ESSEN

Es wäre verwunderlich, wenn einer unserer wichtigsten Erfahrungsbereiche rund um das Grundbedürfnis Essen nicht seinen Niederschlag in der Sprache gefunden hätte. Eine ganze Reihe alltäglicher Redewendungen belegt dies anschaulich. Außerdem gibt es eine ganze Reihe von Beschimpfungen, die etwas mit dem Essen zu tun haben und mit denen wir unsere Mitmenschen bildhaft und originell beleidigen können.

- **Alles in Butter** – kaum zu glauben: Butter diente früher zur Transportversicherung, zum Beispiel für Glas.
- **Auch nur mit Wasser kochen** – jemand verfügt nicht über besondere Befähigungen.
- **Bohnenstange** – dünn und hoch gewachsen.
- **Da sind Hopfen und Malz verloren** – etwas war vergeblich wie ein missglückter Versuch, Bier zu brauen.
- **Das Haar in der Suppe finden** – immer nach dem Schlechten suchen.
- **Das ist mir Wurst** – etwas ist mir gleich, wie die beiden Enden der Wurst.
- **Das macht den Kohl nicht fett** – darauf kommt es nun auch nicht mehr an.
- **Den Braten riechen** – eine Gefahr frühzeitig erahnen.
- **Den Gürtel enger schnallen** – auf etwas verzichten (müssen).
- **Den Löffel abgeben** – nicht mehr an den gemeinsamen Mahlzeiten teilnehmen, das heißt sterben.
- **Die beleidigte Leberwurst spielen** – sich übertrieben leicht verärgert geben.
- **Dumm wie Brot sein** – über keinerlei Intelligenz verfügen, früher: dumm wie Bohnenstroh.
- **Eierkopf** – abwertend für einen Intellektuellen.
- **Ein ausgekochter Typ** – besonders raffinierter Mensch, meist nicht positiv gemeint.
- **Eine Extrawurst bekommen** – eine Sonderbehandlung genießen.
- **Eine taube Nuss sein** – so wertlos wie eine Nuss ohne Kern sein.
- **Einen an der Waffel haben** – nicht ganz richtig im Kopf sein.

- **Erbsenzähler** – kleinkarierter Mensch.
- **Es zieht wie Hechtsuppe!** – Das hat nichts mit Essen zu tun, *hech supha* ist jiddisch und bedeutet »wie ein starker Wind«.
- **Froschfresser** – Franzose.
- **Halbe Portion** – kleiner, leichter Mensch.
- **Hanswurst** – lächerlicher, nicht ernstzunehmender Mensch.
- **In den sauren Apfel beißen** – etwas ist unangenehm, muss aber getan werden.
- **In der Not frisst der Teufel Fliegen** – etwas ist unangenehm, muss aber getan werden.
- **Jemandem die Suppe versalzen** – jemandem schaden, jemandem bewusst etwas verderben.
- **Jemandem Honig um den Bart schmieren** – jemandem übertrieben schmeicheln.
- **Jemandem nicht das Wasser reichen können** – man erreicht nicht die hohe Qualifikation eines anderen Menschen.
- **Jemanden dahin wünschen, wo der Pfeffer wächst** – jemandem etwas Böses wünschen, jemanden loswerden wollen.
- **Lauch** – du Depp, du Doofmann! (Jugendsprache).
- **Matschbirne, Butterbirne** – Idiot.
- **Milchbubi, Milchgesicht** – unerfahrener, unreifer Junge.
- **Mit jemandem ist nicht gut Kirschen essen** – jemand ist unfreundlich, aggressiv.
- **Presswurst** – unmäßig dicke Person.
- **Quatsch mit Soße** – hier handelt es sich um absoluten Unsinn.
- **Sein eigenes Süppchen kochen** – sich nur um die eigenen Interessen kümmern.

- **Seinen Senf dazugeben** – seine unmaßgebliche Meinung äußern, und zwar ungefragt.
- **Tomaten auf den Augen haben** – etwas Offensichtliches übersehen.
- **Um den heißen Brei herumreden** – versuchen, ein unangenehmes Thema zu vermeiden oder aus dem Gespräch auszuklammern.

SPRACHWISSEN: WARUM HEISST MEIN ESSEN, WIE ES HEISST?

Manche unserer Lebensmittel tragen seltsame Namen – ob sie uns besser schmecken, wenn wir wissen, wer oder was sie so getauft hat?

- Das Sandwich verdanken wir der Legende nach Sir John Montagu, dem vierten Earl von Sandwich (1718–1792), der ein begeisterter Kartenspieler gewesen sein soll. Er nahm sich nicht einmal die Zeit, Mahlzeiten einzunehmen. Stattdessen ließ er sich von seinem Koch Wurst oder Käse zwischen zwei schräg halbierte Weißbrotscheiben klemmen und aß während des Spiels.
- Arme Ritter, ein einfaches Gericht aus zwei Weißbrot- oder Zwiebackscheiben, eingetaucht in eine Mischung aus Ei und Milch und in der Pfanne gebacken, soll der Legende nach während der Belagerung einer Ritterburg entstanden sein. Erwähnt wird es erstmals in Schriften des 14. Jahrhunderts. Bekannt ist das Gericht mancherorts auch unter anderen, ziemlich lustigen Namen: Rostige Ritter, Weckzämmädä, Kartäuserklöße oder Blinde Fische.

- Die Bouillon, eine einfache klare Fleischbrühe, hat ihren Namen weder von dem gleichnamigen Adelsgeschlecht, noch besteht ein Zusammenhang zu der belgischen Stadt Bouillon. Der Name hat seinen Ursprung im französischen Verb *bouillir* für »kochen, sieden«. Auch das lateinische *bulire* könnte eine Rolle spielen, denn es bedeutet »wallen, sprudeln, Blasen werfen«. Die Franzosen kennen übrigens das Wort »Bouillon« für die Fleischbrühe nicht – dort heißt sie *consommé*.
- Das Cordon bleu (französisch »blaues Band«) ist ein mit Käse und Schinken gefülltes, paniertes Schnitzel vom Kalb oder Schwein. Über die Entstehung des Gerichtes und, damit verbunden, seines Namens gibt es mehrere Theorien. Die wahrscheinlichste Erklärung ist die folgende: Der Zusatz *à la cordon bleu* hinter dem Namen eines Gerichtes kennzeichnet es im Französischen als ein Produkt der hohen Kochkunst und bezieht sich auf das breite, himmelblaue Band, an dem das goldene Kreuz des bedeutendsten Ritterordens Frankreichs, des Ordre du Saint-Esprit (Orden vom heiligen Geist), aus dem 16. Jahrhundert getragen wurde.
- Der bayerische Leberkäse enthält sicherlich große Mengen Leber und Käse – Irrtum! Schweine- und Rindfleisch sowie Schweinespeck und Gewürze kommen hinein, aber nicht das geringste bisschen Leber – und von Käse keine Spur. Den Germanisten nach stecken in dem Namen die beiden alten Wortstämme Lab und Kasi, die etwas mit der Gerinnung von Eiweiß während der Herstellung zu tun haben.
- Wollwürste sind spezielle Münchner Weißwürste, aber solche ohne Darm. Ihre Oberfläche ähnelt unbehandelter Schafswolle.

Möglicherweise bezieht sich die »Wolle« aber auch auf das Eigenschaftswort »geschwollen«, weil die Würste aufgehen, sobald sie ins heiße Wasser kommen. Sie werden auch als »G'schwollne« bezeichnet.

Wer Eisbein mit Sauerkraut isst, fragt sich, woher das Eisbein seinen kalten Namen hat. Es heißt nicht so, weil es aus dem Kühlhaus kommt, sondern weil es den Knochen enthält, aus dem früher Kufen für Schlittschuhe gemacht wurden.

Der Bismarckhering steht dem Reichskanzler tatsächlich sehr nahe. Bismarck soll den Fisch im Deutschen Reichstag in einer Debatte zum Thema Ernährung sehr gelobt haben. »Wenn der Hering so rar wie Hummer und Austern wäre, dann würde man ihn als Delikatesse bezeichnen!« Vielleicht war diese öffentliche Lobpreisung der Anlass für den Fischhändler und Bismarckfan Johannes Wiechmann aus Stralsund, den Reichskanzler um eine Gunst zu bitten, die ihm gewährt wurde. Wiechmann durfte seinen speziellen eingelegten Fisch Bismarckhering nennen, was unter den damaligen gesellschaftlichen Verhältnissen einer Auszeichnung gleichkam.

Einen irreführenden Namen trägt die Kichererbse – sie hat nichts mit verkniffenem Gelächter zu tun. Der lateinische Name der Pflanze lautet *Cicer arietium*, und das Wort *cicer* ist vermutlich verwandt mit dem hebräischen *kikar* = rund, rundlich. Es dürften die Römer gewesen sein, welche die ersten Kichererbsen nach Deutschland brachten. Mit unserer gewöhnlichen Erbse ist die Kichererbse nicht näher verwandt.

FAST FOOD

Was tun der hungrige Mann und die hungrige Frau, wenn der Magen knurrt und gerade nichts Essbares vorhanden ist? Man bestellt sich was oder geht bei der Imbissbude am Eck vorbei. Schnell und billig soll es sein, das Essen. Meist ist es heiß und fettig, billig nicht unbedingt. Dazu kommt auch noch das soziale Stigma: Man kann es nicht zugeben, einer von diesen Sargträgern der Esskultur zu sein. Das Ergebnis: Keiner geht hin, aber trotzdem ist der Laden immer voll.

- In ganz Deutschland gab es 2018 insgesamt 1 489 McDonald's-Filialen.
- Nirgendwo auf der Welt gibt es so viele Fast-Food-Läden pro Einwohner wie in Orlando in Florida. Insgesamt 463 Läden verzeichnet die Stadt. Das sind 196 pro 100 000 Einwohner beziehungsweise etwa ein Fast-Food-Laden pro 500 Einwohner.
- Kein großes Ding im Vergleich zur Konkurrenz aus Orlando, aber immerhin deutscher Spitzenreiter ist Flensburg in Schleswig-Holstein, eine Kleinstadt mit 85 000 Einwohnern. Hier kommen 9,6 Fastfood-Läden auf 10 000 Einwohner, wie *Bild am Sonntag* in einer Untersuchung über die drei großen Ketten McDonald's, Burger King und Kentucky Fried Chicken ermittelte. Seinen Spitzenwert erreicht Flensburg sogar ohne KFC.
- Die geringste Fast-Food-Dichte mit statistischen 0,9 Filialen/100 000 Einwohner erreicht Heidi Klums alte Heimatstadt Bergisch-Gladbach.
- Die McDonald's-Filiale am Frankfurter Flughafen erstreckt sich über die Fläche von drei Fußballfeldern.

- Von wegen asiatische Küche! In China betrieb der McDonald's-Konzern 2018 bereits über 3000 Filialen – Tendenz steigend.
- Der erste McDonald's in der ehemaligen DDR wurde im Sommer 1990 im sächsischen Plauen eröffnet.
- Die Burger-Charts weltweit: Bei McDonald's liegt der Cheeseburger vorn, gefolgt vom einfachen Hamburger und dem Big Mac auf Platz 3.
- Die Figur des Ronald McDonald wurde zwischen 1959 und 1966 von dem amerikanischen Berufsclown Willard Scott verkörpert. Er präsentierte das Unternehmen bei Veranstaltungen und im Fernsehen und war der erste Darsteller des weltweit bekannten Maskottchens. 1966 wurde seine Karriere jedoch abrupt beendet. Das Unternehmen ersetzte ihn, weil er zu dick geworden war.
- Etwa 96 Prozent der amerikanischen Kinder kennen Ronald McDonald.
- McDonald's verkauft weltweit etwa 75 Hamburger pro Sekunde.
- Im Londoner Olympiapark befand sich die bisher größte McDonald's-Filiale der Welt mit Platz für bis zu 1 500 Menschen. Nach den Olympischen Spielen 2012 wurde sie wieder abgerissen.
- Als Burger King Anfang der 1970er-Jahre nach Australien expandieren wollte, stellte man fest, dass die Namensrechte an »Burger King« bereits von einem anderen Unternehmen eingetragen worden waren. Bis heute trägt die Franchise-Kette in ganz Australien den Namen »Hungry Jack's«.
- Der größte Burger der Welt kam aus Pilsting/Niederbayern. Er brachte es auf ein Gewicht von 1162,4 Kilogramm, sein Ver-

kauf an die über 3500 Zuschauer der Herstellung erbrachte 10 000 Euro für gemeinnützige Zwecke.

- Den teuersten essbaren Burger der Welt gibt es bei Diego Buik aus den Niederlanden. Über 2 000 Euro kostet sein Wunderwerk aus allerlei dekadenten und kostspieligen Zutaten wie Trüffel, Hummer und Kaviar. Das Brötchen des Burgers ist sogar mit Blattgold überzogen, was dem Geschmack aber keinen Abbruch tut. Doch selbst der Koch gibt zu, dass der Burger zwar der teuerste, nicht aber der leckerste ist.
- Ebenfalls teuer wird es im Londoner Stadtteil Chelsea: Chris Large, Chefkoch des »Honky Tonk«, bietet seinen Glamburger für etwa 1 400 Euro an. Die Zutaten: Kobe-Rindfleisch und auch hier Kaviar, Trüffel, Safran und so weiter. Und natürlich Blattgold.
- Es war eine Zeit lang eine beliebte urbane Legende, dass Hamburger-Pattys aus Regenwürmern hergestellt werden. Unterdessen bieten Supermärkte und Restaurants zwar keine Wurmburger, aber solche aus Insekten an. Insekten sind seit Anfang 2018 in der EU als Lebensmittel zugelassen.
- Geschmack entsteht auch im Kopf: Ein Experiment der Stanford-Universität/Kalifornien mit 63 Kindern zwischen drei und fünf Jahren ergab, dass Kinder eher bereit sind, Gemüse zu essen, wenn es in Fast-Food-Schachteln serviert wird. Die Kinder assoziieren die Pappschachtel automatisch mit gutem Geschmack und stehen den enthaltenen Speisen weniger skeptisch gegenüber. In einem Vergleich mit Gemüse aus einer neutralen Verpackung gab nur ein Viertel der Kinder an, die Speisen würden gleich gut schmecken.

- Fast Food schmeckt immer gleich? Keineswegs! Die Firma Subway bietet auf ihrer Karte zahlreiche unterschiedliche Zutaten für ihre Sandwiches an – über zwei Millionen Kombinationen sollen möglich sein.
- Vergessen wir nicht den Schnellimbiss an der Ecke, der ist auch ganz schön flott, und die Deutschen essen pro Jahr etwa 800 Millionen Currywürste …

MCDONALD'S WELTWEIT – DIE IRRSTEN BURGER

Wer hätte das vermutet: Der Fast-Food-Riese McDonald's überrascht rund um den Globus mit einer erstaunlichen Vielfalt an Angeboten. Kaum vorstellbar: Es gibt nicht nur Cheeseburger, Hamburger und Big Mac. Hier einige Beispiele:

- Australien – Spinach-Feta-Bacon-Wrap.
- Griechenland – der »Greek Mac« besteht aus Pitabrot, Salat, Gurke, Zwiebeln und Joghurtsoße; nur das Gyros fehlt, stattdessen gibt es ein Patty.
- Hongkong – Wasabi Filet-o-Fish – Fischbrötchen wie gehabt, nur mit Wasabi.
- Indien – Maharaja Mac, das Gegenstück zum Big Mac, aber ohne heilige Kuh, nur mit Hühnerfleisch, Jalapeno-Chilis und Smokey-Soße.
- Indien – Veg Supreme McMuffin mit einem Patty aus einem Mais-Spinat-Mix, mit Minz-Mayonnaise, Zwiebeln und Tomate

- Indonesien – McRice, der Burger mit dem Reisbratling, wer hätte das gedacht?
- Japan – Ebi Filet-O hat ein Patty aus Krabbenfleisch, dazu etwas Schmelzkäse und Eisbergsalat, es gibt ihn tatsächlich, den Krabbenburger! Die »Krosse Krabbe«, Spongebob und Mr. Krabs lassen grüßen.
- Niederlande – McKroket, der Burger, der von niederländischem Fast Food inspiriert ist, den Kroketten, also von stangenförmigem frittiertem Fleischragout. Beim Burger wird allerdings ein entsprechend gewürztes Patty daraus.
- Österreich – McChicken Deluxe Veggie, das perfekte vegetarische McChicken-Imitat!
- Südafrika – der Boerie Tripple ist ein Burger mit drei Lagen Fleisch, gewürzt wie die Boerewors, eine Grillwurstschnecke nach lokaler Bauernart.
- Türkei – der Megamac brilliert mit vier Lagen Fleisch – doppelt so viel wie beim Big Mac!
- USA – Bisquit, der Frühstücksburger mit einem Steak, einem Omelett, Röstzwiebeln und Cheddar-Käse als Belag.

HOTDOG

Hund gehört nicht zu den Zutaten dieses Fast-Food-Gerichts, auch wenn sich entsprechende Gerüchte über die Zusammensetzung des verwendeten Würstchens lange Zeit hielten, unter anderem befördert durch den Karikaturisten Thomas Aloysius »Tad« Dorgan, der ein beeindruckendes Brötchen mit einem Dackel zeichnete, sowie die Tatsache, dass viele deutschstämmige Metzger lange, wurstförmige Hunde hielten: Dackel.

- Der Hotdog wurde nicht in den USA, sondern in Frankfurt am Main erfunden, und zwar im Jahr 1847 von dem Coburger Metzger Johann Georg Hehner.
- Der deutsche Migrant Charles Feltman aus Hannover verkaufte 1867 Hotdogs in Coney Island/New York – zu Beginn tatsächlich unter dem Namen »Frankfurter« und noch nicht mit Senf, Ketchup und Gurken, sondern mit einer ganz speziellen Zutat: Sauerkraut.
- Der Gewinner des Nathan's-Hot-Dog-Eating-Wettbewerbs 2016 verspeiste 70 Hotdogs in nur zehn Minuten. Derselbe Wettkampfesser, Joey Chestnut, hält auch den Weltrekord für die meisten gegessenen Hamburger, der seit 2007 Bestand hat: 103 Hamburger in acht Minuten. Der Fresssportler hält auch noch andere Rekorde, etwa für Hähnchenflügel oder Pizzastücke.

DAS FRÜHSTÜCKSKARTELL

Die erste Mahlzeit des Tages ist die wichtigste, wurde uns von unseren Eltern erzählt und wir haben es an unsere Kinder weitergegeben. Ob allerdings die gewählten Lebensmittel immer ernährungswissenschaftlichen Qualitätskriterien standhalten können, ist fraglich.

- Ein bedeutender Schritt für das Angebot auf dem Frühstückstisch: 1884 erhält John Harvey Kellogg Patentschutz für die Rezeptur der von ihm und seinem Bruder Will Keith Kellogg erfundenen Frühstücksflocken aus Weizen. Später wenden die Brüder die Rezeptur auch auf Reis und Mais an.

- Besonders John Harvey Kellogg ist ein Verfechter der gesunden Ernährung, er lehnt das bis dahin in den Vereinigten Staaten übliche englische Frühstück mit gebratenem Speck, Eiern und Porridge ebenso ab wie fleischliche Nahrung und sexuelle Gelüste. 1897 gründen die Brüder die Sanitas Food Company und bringen ihre Flocken auf den Markt.
- 1906 kommt es zu einem Streit zwischen den Brüdern, weil Will Keith Kellogg Zucker in die Rezeptur der Cornflakes mischt. Die Brüder zerstreiten sich und gehen auch geschäftlich getrennte Wege. John Harvey Kellogg gründet die spätere Kellogg Company, die dank der Cornflakes ein großer wirtschaftlicher Erfolg wird.

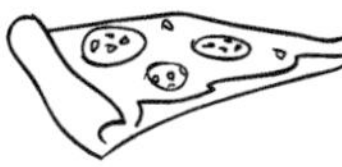

PIZZA

Pizza in der Form, wie wir sie heute kennen, hat sich erst seit Mitte des 18. Jahrhunderts verbreitet, als die Tomate in Süditalien populär wurde. Ihre Vorfahren waren einfache flache Brote mit unterschiedlichen Belägen, Focaccia genannt. Damals wie heute ist Pizza die wohlschmeckende Mahlzeit, die an jeder Straßenecke verfügbar ist und auch einen Bärenhunger stillen kann, wenn es schnell gehen muss – insofern also auch Fast Food.

- 36 Prozent der US-Amerikaner halten Pizza für das perfekte Frühstück.

- Die teuerste Pizza der Welt soll etwa 12 000 Dollar kosten. Das liegt zum Teil an ihren Zutaten – Kaviar, Trüffel, Hummer –, aber auch am Zeitaufwand der Herstellung: Drei italienische Küchenchefs arbeiten 72 Stunden an dieser Superspeise.
- Die längste Pizza der Welt wurde von über 100 Köchen in Kalifornien hergestellt. Das Riesengebäck aus 3 632 Kilogramm Teig, 1634 Kilogramm Käse und 2 542 Kilogramm Soße erreichte eine Gesamtlänge von 1930,39 Metern.
- Noch ein Wahnsinnsrekord: Eine Pizza mit 111 Käsesorten stellten Liebhaber des Backwerks in Berlin her. Von jeder Käsesorte enthielt die Pizza 2,6 Gramm – insgesamt 288,6 Gramm Käse auf einem Teigboden, der nur unbedeutend größer war als eine gewöhnliche Pizza vom Lieferservice.
- Die flächenmäßig größte Pizza der Welt bedeckte 1 261,65 Quadratmeter und war damit größer als sechs Tenniscourts. Die Pizzabäcker Dovilio Nardi, Andrea Mannocchi, Marco Nardi, Matteo Nardi und Matteo Giannotte verewigten sich mit ihrem Meisterwerk, dem sie den Namen Ottavia gaben, am 13. Dezember 2012 in Rom. Zu allem Überfluss war Ottavia vollkommen glutenfrei.
- Pizza Salami und Pizza Margherita führen in Deutschland die Charts der Bestellungen an. Ebenfalls gut im Rennen liegt Pizza Prosciutto – die Schinkenvariante ist besonders bei Männern beliebt.
- Einer der beliebtesten Pizzabeläge in Brasilien sollen grüne Erbsen sein.

ZWEIFELHAFTES ESSEN

Was man an einem Ort problemlos essen kann, ist an einem anderen streng verboten, und wenn man nicht aufpasst und an der falschen Stelle Appetit auf ein unerwünschtes Lebensmittel bekommt, steht man schon mit einem Bein im Gefängnis …

VERBOTENE LEBENSMITTEL

Sind es in einem Fall die Inhaltsstoffe, die ein Verbot bewirken, gibt es in einem anderen Probleme mit der Verpackung oder gar weltanschauliche Gründe für ein Verbot.

- Überraschungseier sind in den USA verboten, weil ein Gesetz von 1938 verbietet, Süßigkeiten zu verkaufen, in die »ein nicht essbares Objekt eingeschlossen ist«, das zu einer Gefahr für Kleinkinder werden könnte.
- Rohmilch, also frisch gemolkene Milch, zu trinken ist in Kanada nicht verboten – aber man darf sie nicht verkaufen. Weil sie nicht pasteurisiert oder erhitzt oder in sonstiger Weise von gefährlichen Keimen befreit ist, könnte sie eine Gesundheitsgefahr darstellen. Dieser Meinung schließen sich auch 24 von 50 US-Staaten sowie Schottland und Australien an. Das Verkaufsverbot gilt auch für viele Käsesorten, die aus Rohmilch hergestellt werden.
- Samosas werden kleine, dreieckige Teigtaschen genannt, die in Indien und Pakistan sehr beliebt sind. Sie werden oft mit Resten von einer vorangegangenen Mahlzeit wie Gemüsecurry, Kartoffeln oder Reis gefüllt. Sie können aber auch Hackfleisch, Eier,

Fisch oder eine süße Füllung enthalten. Auch in Somalia haben sie viele Freunde – sie dürfen allerdings im Süden des Landes seit 2011 nicht mehr verkauft werden. Nicht die Füllung ist schuld, die islamistische al-Shabaab-Miliz, die den Süden kontrolliert, nimmt Anstoß an ihrer Form, in der sie ein Symbol für die christliche Dreifaltigkeit vermutet.

- Haggis ist eine schottische Spezialität, der Magen eines Schafs, gefüllt mit Herz, Leber, Lunge und Nierenfett des Tieres. Gewürzt wird mit Zwiebeln, Hafermehl und viel Pfeffer – eine ungewöhnliche Kalorienbombe mit eigenwilligem Geschmack, der nur durch die Schärfe des Pfeffers erträglich wird, wie Kritiker anführen. Es ist aber nicht der Geschmack von Haggis, der für ein Einfuhrverbot in die USA sorgt. Schafslunge darf seit mehr als 40 Jahren, gleich in welcher Form, nicht mehr in die Staaten gebracht werden.
- Foie gras, die französische Gänsestopfleber, gilt in gewissen Feinschmeckerkreisen als Delikatesse, darf aber in Indien weder eingeführt noch verkauft werden. Der Grund: Das Herstellungsverfahren, nämlich das erzwungene Mästen der Tiere durch Stopfen mit sehr viel Futter, und die dadurch erzeugte Fettleber sehen die Inder als grausame Tierquälerei, womit sie sicher recht haben.
- Kaugummi ist in Singapur streng verboten und darf nur eingeführt werden, wenn er therapeutischen Zwecken dient, zum Beispiel als Nikotinersatz bei der Raucherentwöhnung oder als Träger verschiedener Medikamente für die Mund- und Zahnhygiene. Zuwiderhandlungen – also der Handel mit Kau-

gummi – kann bis zu 100 000 Dollar Geldstrafe kosten. Ursache für diese strikte Regelung: Singapurs Straßen und öffentliche Verkehrsmittel waren in der Vergangenheit extrem mit Kaugummi verschmutzt.

- Die Frühstücksriegel Nutri Grain von Kellogg's gibt es in den Geschmacksrichtungen Erdbeere, Apfel oder Blaubeere. Der Erdbeer- und Apfelversion steht die Welt offen, Blaubeer-Riegel dürfen nicht in Norwegen, Frankreich und Finnland verkauft werden, weil sie den künstlichen blauen Farbstoff Patentblau V enthalten, der Allergien auslösen könnte.
- Mohnsamen erfreuen uns bei einem Frühstück auf dem Mohnbrötchen oder in größerer Menge im Mohnkuchen. Die kleinen schwarzen Samen der Mohnblume können aber einen Besuch in Singapur, Taiwan, Saudi-Arabien oder den Vereinigten Arabischen Emiraten zum Albtraum werden lassen. Schon ein paar Krümel von einem Brötchen und man vermutet eine Verbindung zu einem Drogenkartell …

GESETZE UND VERBOTE RUND UMS ESSEN

Die Regulierungswut von Gesetzgebern, Beamten und exekutiven Organen macht vor gar nichts halt – warum sollte es beim Kochen und Essen anders sein? Gerade hier lassen sich die kuriosesten Gesetzeskunstwerke schaffen.

- Beech Grove, Indiana/USA: In den Parks der Stadt ist der Verzehr von Wassermelonen verboten.

- Boston, Massachusetts/USA: In der Kirche dürfen keine Erdnüsse gegessen werden.
- Dubai: Das Einführen von stimulierenden Substanzen und Medikamenten ist so streng geregelt, dass selbst ein paar Mohnsamen von einem Mohnbrötchenkrümel zur Verhaftung am Flughafen führen können.
- Green, New York/USA: Es ist nicht erlaubt, während eines Konzertes rückwärts zu laufen und dabei Erdnüsse zu essen.
- Kalifornien/USA: In der Badewanne ist das Essen von Orangen verboten.
- Marion, Ohio/USA: Beim Rückwärtslaufen ist der Verzehr von Donuts verboten.
- Maryland/USA: Es darf nicht gegessen werden, während man im Meer schwimmt.
- Massachusetts/USA: Trauergästen ist es untersagt, auf einer Beerdigung mehr als drei Sandwiches zu essen.
- Nebraska/USA: Barbesitzer dürfen nur dann Bier verkaufen, wenn sie gleichzeitig einen Kessel Suppe kochen.
- Riverside, Kalifornien/USA: Zwischen 11:00 Uhr und 13:00 Uhr ist das Essen im Freien verboten.
- Rosemead, Kalifornien/USA: Eis darf in der Öffentlichkeit nicht mit einer Gabel verzehrt werden.
- Singapur: Wer einen Kaugummi auf den Boden spuckt, zahlt eine Strafe von 500 Euro.

GIFTIGE UND GEFÄHRLICHE LEBENSMITTEL

Nicht alles, was uns Appetit macht, delikate Gelüste weckt oder unseren Gaumen kitzelt, ist auch gut für unsere Gesundheit. Es gibt Lebensmittel, die mit Vorsicht zu genießen sind – im wahrsten Sinne des Wortes. Schon unsere Vorfahren wussten um die Unverträglichkeit mancher verlockender Angebote vom Teller der Natur. Dankenswerterweise testeten sie sich mutig durch ihre kulinarische Vorratskammer, wobei wohl einige von ihnen auf der Strecke geblieben sind. Die Überlebenden gaben glücklicherweise ihr Wissen weiter und konnten so spätere Folgen verhindern.

Obst und Gemüse, mit Vorsicht zu genießen

! Apfelkerne, Aprikosenkerne, Bittermandeln und die Samen anderer Steinfrüchte wie Zwetschgen enthalten Amygdalin in hohen Konzentrationen, eine Substanz, aus der sich die giftige Blausäure bilden kann. Die Bittermandel zum Beispiel enthält 250 Milligramm pro 100 Gramm. 50 Milligramm Blausäure können einen Menschen mit einem Körpergewicht von 60 Kilogramm töten. Um diese Menge zu erreichen, müsste man allerdings Unmengen von Apfelkernen essen – mehrere Kilo in kurzer Zeit. In normaler Menge verzehrt, sind sie völlig harmlos. Mehr Gift steckt in Aprikosenkernen – aber die isst ja niemand. Gefährdet sind allerdings Kinder, die einen solchen Kern verschlucken könnten.

- ! In Zucchini, Kürbissen und Gurken kommt der Bitterstoff Cucurbitacin in geringen Mengen vor, in Zierkürbissen und in von Hobbygärtnern rückgezüchteten Sorten aber in gefährlicher Konzentration. Es ist sogar schon zu Todesfällen gekommen. Warnend sollte der bittere Geschmack wirken.
- ! Grüne Bohnen können gekocht ohne Bedenken gegessen werden, sind roh aber nicht ungefährlich. Schon drei bis zehn Bohnen reichen aus, um bei einem Erwachsenen nach kurzer Zeit schwerwiegende Vergiftungserscheinungen auszulösen. Das enthaltene Phaseolin führt zu schweren Magen-Darm-Problemen, Kinder sind in besonderer Weise gefährdet. Zu Unfällen kommt es, weil grüne Bohnen häufig mit den roh essbaren Zuckererbsen verwechselt werden. Es sind bereits Todesfälle vorgekommen.
- ! Tomaten gehören wie Kartoffeln zu den Nachtschattengewächsen und enthalten in ihren grünen Teilen gleich mehrere Gifte, unter anderem Solanin, das sie vor Parasiten und Pilzbefall schützt. Die enthaltene Menge ist allerdings so gering, dass ein Mensch große Mengen Tomatenkraut essen müsste, um sich selbst zu schaden.
- ! Zimt enthält das Gift Cumarin, das im Verdacht steht, leberschädigend und krebserregend zu sein. In größeren Mengen kann Cumarin zu Erbrechen, Lähmung und Atemstillstand oder sogar zum Koma führen. Der menschliche Körper nimmt aber nur sehr geringe Mengen des Aromastoffs auf. Der billigere Cassia-Zimt enthält bis zu 3 Gramm Cumarin je Kilogramm, während im teureren Ceylon-Zimt deutlich weniger enthalten ist. Da

der Stoff die Blutgerinnung hemmt, sollten Menschen mit Blutungsneigung auf Zimt verzichten.

! Rhabarber und Rote Bete enthalten roh eine der am stärksten wirkenden organischen Substanzen: Oxalsäure. Der Gehalt in beiden Gemüsepflanzen beträgt 500 Milligramm pro 100 Gramm. Oxalsäure beschädigt den Zahnschmelz und fördert die Entstehung von Nierensteinen. Auch von Vergiftungserscheinungen wie Kopfschmerzen und Erbrechen wird berichtet.

! Rote Bete hat zudem einen hohen Nitratgehalt und sollte deshalb nicht mehrfach erhitzt werden. Beim erneuten Erwärmen kann sich der krebserregende Stoff Nitrosamin bilden.

! Maniok bildet stärkehaltige Wurzelknollen, die ein gesuchtes Nahrungsmittel sind. Die verarbeitete Stärke wird Tapioka genannt. Die ursprünglich aus Südamerika stammende Pflanze übernimmt in weiten Teilen der Tropen die Funktion unserer Kartoffel und ist wie diese nur gekocht genießbar. Roher Maniok in größeren Mengen könnte die Esser auf ein Himmelfahrtskommando schicken, denn die rohe Knolle enthält reichlich Blausäure.

! Die Akee, die Nationalfrucht Jamaikas, enthält in vielen Teilen ein Gift, das Hypoglycin, das zu Erbrechen und Unterzuckerung führt und sogar tödlich wirken kann. Eigentlich kann nur die fleischige Ummantelung des Samens gefahrlos gegessen werden. Das allerdings auch nicht immer: Unreif oder überreif ist auch dieser Teil der Pflanze giftig.

Rauschgift auf dem Speisezettel

- ! Mohnsamen sind zwar nicht giftig, aber enthalten – wenn auch nur in Spuren – ein Rauschgift. Wer Mohnbrötchen frühstückt oder Mohnkuchen zum Fünf-Uhr-Tee genießt, kann bei einem Drogenscreening positiv getestet werden. Das liegt an dem im Mohn enthaltenen natürlichen Morphin.
- ! Muskatnuss ist ein wohlschmeckendes Gewürz, kann aber gefährlich werden, wenn sie missbräuchlich genutzt wird, da sie das hochgiftige ätherische Öl Myristicin enthält. Schon 5 Gramm Muskatnuss verursachen einen Rauschzustand mit Verzerrung des Raum-Zeit-Gefühls sowie milden Halluzinationen und Sinnestäuschungen, für den man allerdings teuer bezahlt, nämlich mit Übelkeit, Erbrechen, Kopfschmerzen und Durchfall. Auch Bedrohungs- und Angstzustände sollen vorkommen.
- ! Ähnlich wirkt Petersilie in großen Mengen genossen, nämlich leicht erregend, berauschend und halluzinogen. Auch hier ist der Wirkstoff Myristicin schuld, den der menschliche Organismus in eine Substanz umwandelt, die Ecstasy nicht unähnlich ist. Wie viel Petersilie man dazu braucht, kann niemand so genau sagen, es sind aber Unmengen – und wie bei der Muskatnuss dürften Magen und Darm heftig protestieren.
- ! Einen weiteren natürlichen Rausch könnten etwa 30 bis 40 überreife Bananen erzeugen, sofern man sie denn essen könnte – sie enthalten so viel Alkohol wie 1,5 Liter Bier.
- ! Auch Schokolade enthält eine berauschende Substanz: Theobromin, in größerer Menge in Kakao und dunkler Schokolade ent-

halten, wirkt stimmungsaufhellend und anregend. Theobromin ist für Menschen relativ ungefährlich, kann aber Haustiere schädigen. Der Verzehr einer halben Tafel Zartbitterschokolade kann einen kleinen Hund töten.

Gefährliches Getier

! Dass der Kugelfisch Fugu eine gefährliche Delikatesse ist, ist bereits in Literatur- und Filmgeschichte dokumentiert. Wunderbar hinterhältige Morde werden mithilfe des niedlichen Flossenwesens begangen, das ist bekannt. Was Menschen bewegt, unter Umständen lebensgefährliche Lebensmittel zu sich zu nehmen, ist wohl immer noch unerforscht. Bekannt hingegen ist, dass das Gift Tetrodotoxin (TTX), das sich in Haut, Leber und Eierstöcken des Fisches befindet, ein Nervengift ist und im schlimmsten Fall seine Opfer vollständig lähmt – sie können nicht einmal mehr sprechen. Treten kein Atemstillstand und keine Lähmung des Herzens ein, klingt der Horrorzustand nach 24 Stunden ab. Auf den Teller kommen soll eigentlich nur das Muskelfleisch, das (zumeist) ungefährlich ist, zumindest dann, wenn der Fugu-Koch sein Handwerk versteht. Das soll eine zweijährige Ausbildung mit nachfolgender Lizenz sicherstellen. Mittlerweile versteht man sich allerdings auch darauf, giftfreie Kugelfische zu züchten. Kenner fragen sich: Wo bleibt denn da das Vergnügen?

! Es sind keine natürlichen Giftstoffe, die Zuchtlachs zu einem gefährlichen Lebensmittel machen. Besonders Farmfische, in unseren Supermärkten meist solche aus Norwegen, werden mit

Pestiziden und Antibiotika behandelt, enthalten dadurch Schadstoffe und Gifte in großen Mengen, zumal ihre Futterfische oft aus der Ostsee stammen, einem der schmutzigsten Meere überhaupt. Auch wenn der Verzehr von Zuchtlachs nicht direkt schädlich wirkt, schädigt er doch auf längere Sicht die Gesundheit besonders von Menschen, die ihn häufiger essen. Zudem ist, bedingt durch die Art der Fütterung, der Fettgehalt drei bis viermal so hoch wie beim Wildlachs. Die massenhafte Erzeugung von Supermarkt-Lachs verursacht außerdem massive Umweltschäden.

! Sannakji ist ein Gericht der koreanischen Küche, das aus Langarm-Oktopussen zubereitet wird. Verblüffend daran ist, dass die Oktopusstücke auf dem Teller den Eindruck vermitteln, die Tiere würden noch leben. Das ist jedoch nicht der Fall, die Tintenfische werden getötet, in kleine Stücke geschnitten und roh in einer Soßenzubereitung serviert. Restaktivitäten der Nerven in den zerteilten Tentakeln führen dazu, dass die Stücke sich auf dem Teller und im Mund bewegen und sich, schlimmer noch und sogar lebensgefährlich, in Mund, Rachen und Speiseröhre festsaugen können, was Erstickungsanfälle zur Folge haben kann. Ein zweifelhaftes Essvergnügen.

Geschmacksverstärker

Glutamate sind Geschmacksverstärker und werden in der chinesischen Küche häufig verwendet, um den natürlichen Geschmack der Speisen zu intensivieren. Die Glutamat-Unverträglichkeit wird deshalb auch als China-Restaurant-Syndrom bezeichnet. Seit den 90er-Jahren müssen Speisen, denen Geschmacksverstärker zugesetzt wurde, gekennzeichnet werden.

Als Glutamate bezeichnen die Chemiker die Ester und Salze der Glutaminsäure. Die Salze der L-Glutaminsäure kommen als Geschmacksverstärker in Lebensmitteln zum Einsatz.

Das einfache Natriumsalz wird Mononatriumglutamat genannt und ist das am meisten verwendete, es trägt die Kennzeichnung E 621. Darüber hinaus dürfen Monokaliumglutamat (E 622), Calciumdiglutamat (E 623), Monoammoniumglutamat (E 624) und Magnesiumdiglutamat (E 625) als Geschmacksverstärker verwendet werden.

Lebensmittel dürfen höchstens 10 Gramm Glutaminsäure pro Kilogramm enthalten. Auch bei Speisen in Restaurants und bei losen Produkten muss auf Geschmacksverstärker hingewiesen werden.

Glutamat wird nicht nur künstlich zugesetzt. Viele Lebensmittel enthalten bereits eine große Menge natürlichen Glutamats. Absoluter Spitzenreiter ist der Parmesankäse mit 1200 Milligramm Glutamat pro 100 Gramm Käse, gefolgt von Bohnen mit 200 Milligramm und Tomaten mit 140 Milligramm.

E-NUMMERN, DIE GEFAHR BEDEUTEN KÖNNTEN

Wer Zutaten für die Küche einkauft, stößt bei der Auflistung der Inhaltsstoffe industriell hergestellter Lebensmittel immer auf solche, die mit E-Nummern gekennzeichnet sind. Vielfach vermutet man hier grundsätzlich schädliche Substanzen für die Gesundheit – das ist allerdings nicht immer der Fall. Was tatsächlich schaden kann, ist hier aufgelistet.

Farbstoffe lassen Lebensmittel frischer, natürlicher oder appetitlich aussehen – das Auge isst mit, ist aber dummerweise nicht der am höchsten entwickelte Teil des menschlichen Körpers. Trotzdem soll es entscheiden, was hineindarf. Farbstoffe natürlichen Ursprungs zum Beispiel aus Schildläusen (Echtes Karmin, E 120), Pflanzenkohle (E 153), Roter Bete (Betanin, E 162) oder Kurkuma (E100) stellen kein Problem dar. Synthetische Substanzen, wie zum Beispiel die Azofarbstoffe, kommen aus dem Chemielabor. Ernährungsfachleute und auch die Verbraucherzentrale raten vom Verzehr ab.

E 102	Tartrazi	Kann Aktivität und Aufmerksamkeit bei Kindern beeinträchtigen
E 104	Chinolingelb	Kann Aktivität und Aufmerksamkeit bei Kindern beeinträchtigen
E 110	Gelborange S	Kann Aktivität und Aufmerksamkeit bei Kindern beeinträchtigen
E 122–129	Azo-Farbstoffe	Kann Aktivität und Aufmerksamkeit bei Kindern beeinträchtigen

E 142	Grün S	In den USA verboten
E 154	Braun FK	In der EU verboten, schädigt im Tierversuch Leber und Herz
E 155	Braun HAT	In der EU nur noch für Kosmetika zugelassen
E 173	Aluminium	Einer der brisantesten Schadstoffe
E 180	Litholrubin BK	Nur für Käserinde zugelassen, erhöhte Sterblichkeit bei Ratten und Mäusen

Konservierungsmittel sollen leicht verderbliche Lebensmittel wie Fleisch, Fisch, Wurst, Käse und Fruchtsäfte länger haltbar machen. Unter den folgenden E-Nummern kommen die problematischen Substanzen zum Einsatz:

E 235	Natamycin	Antimykotikum; in Gebrauch gegen Fußpilz, auf Käserinde und Wurstpelle
E 284	Borsäure	Für Lebensmittel ungeeignet, in der EU nur für echten Kaviar zugelassen
E 285	Natriumtetraborat	Für Lebensmittel ungeeignet, in der EU nur für echten Kaviar zugelassen

Dieselbe Aufgabe erfüllen Antioxidantien. Sie werden in der Lebensmittelindustrie genutzt, um die Haltbarkeit von Produkten wie Margarine, Eis, Ölen, Suppen und sogar Kaugummi zu verlängern. Die Zusatzstoffe E 300 (Ascorbinsäure, Vitamin C), E 301 bis E 309 und E 322 bis E327 werden als gesundheitlich unbedenklich eingestuft.

Unter den zugesetzten Verdickungs- und Geliermitteln ist nur E 425 – Konjakgummi – problematisch. Das aus der Wurzelknolle der Teufelszunge *(Amorphophallus konjac)* gewonnene, in Geleesüßwaren verwendete Mittel nimmt stark Wasser auf und kann dazu führen, dass die Süßigkeiten am Gaumen kleben bleiben – für Kleinkinder gefährlich.

WARNUNG VOR GEFAHREN AN UNERWARTETER STELLE

! Gefahr aus der Besteckschublade! Jährlich ersticken rund zehn Menschen auf der Welt an einem Löffel. 2019 starben aber nur zwei Menschen durch einen Haiangriff.

! Die Toilette ist der ekligste und unhygienischste Ort im Haus, meinen Sie? Tatsächlich enthält ein Kühlschrank deutlich mehr gesundheitsschädliche Keime. Durch offen darin gelagerte Lebensmittel können sie sich hervorragend vermehren und verbreiten.

NACHWORT

Sie sind am Ende des Buches angekommen – worauf warten Sie noch? Auf zum Kühlschrank, ins nächste Restaurant oder an den Herd, selbst kochen! Keinen Appetit mehr? Sie haben nicht widerstehen können und während des Lesens schon die ganze Zeit geknabbert, geknuspert, geschleckt, gekostet, probiert oder genascht? Wie wäre es dann mit etwas sportlicher Betätigung?

FSC
www.fsc.org
MIX
Papier aus verantwortungsvollen Quellen
Paper from responsible sources
FSC® C141904

Druck:
Customized Business Services GmbH
im Auftrag der
KNV Zeitfracht GmbH
Ein Unternehmen der Zeitfracht - Gruppe
Ferdinand-Jühlke-Str. 7
99095 Erfurt